Vrijwaring

De informatie in dit book is alleen bedoeld voor algemene informatieve doeleinden. Hoewel de auteur er alles aan heeft gedaan om de juistheid van de informatie in dit book te waarborgen, aanvaarden zij geen verantwoordelijkheid voor fouten of weglatingen, of voor schade die voortvloeit uit het gebruik van de informatie in dit book. De auteur onderschrijft ook geen specifieke producten of diensten die in dit book worden genoemd.

alle italiaanse

Aan al diegenen die een moment van geluk ervaren
als ze mijn ijs proeven

Gianni, alle italiaanse
Haarlem 2023

Wie zijn wij

Wij zijn Italianen in Nederland.

Sinds 2021 schrijven we op onze website alle italiaanse, om ons Nederlands te verbeteren en onze interesses te delen.

Het eerste onderwerp waar we het over hadden is Italiaans ijs: we maken al jaren thuis ijs en we genieten er zowel in de zomer als in de winter van.

Onze pagina's over Italiaans ijs zijn erg populair geworden en velen hebben ons gevraagd een handleiding te schrijven. Hiervoor publiceren we in dit boekje.

Met onze tips maak je altijd snel en gemakkelijk heerlijk ijs.

Vrijwaring

In dit boek delen we onze recepten en de methode om thuis ijs te maken met de ijsmachine.

Zelfgemaakt ijs is anders dan ijs uit de ijssalon: de bereiding is veel eenvoudiger. Ons boek is dus voor thuis gebruik, niet voor professioneel gebruik.

Afbeeldingen

De illustraties van onze recepten worden niet gemaakt in een fotostudio, maar in onze keuken, terwijl wij het ijs bereiden. Daarom zijn ze niet perfect, de verlichting is bijvoorbeeld niet altijd consistent - het hangt ervan af of het buiten zonnig is of regent.

Maar onze recepten zijn authentiek: we maken echt ijs, in tegenstelling tot veel recepten die je online vindt, en we weten zeker dat jouw ijs met onze recepten heerlijk zal zijn!

Een culturele uitwisseling

We schrijven op alle italiaanse om ons Nederlands te oefenen. Terwijl we schrijven over dingen die we goed kennen (de Italiaanse cultuur en levensstijl), delen we handige informatie met jou terwijl we de taal leren. Dit is een win-win voor iedereen.

Het betekent dat ons Nederlands niet perfect is; hier en daar kunnen er grammaticale fouten en *creatieve* zinnen zijn.

We leren je ook enkele Italiaanse woorden, die erg belangrijk zijn als we het over ijs hebben. Bijvoorbeeld alle zinnen om een ijsje te bestellen in het Italiaans.

Inhoudsopgave

Introductie

IJs recepten

alle italiaanse

alle italiaanse

Waarom zelf ijs maken

Genieten van een lekker ijsje op het terras van een elegante ijssalon is altijd gezellig; maar zelfs thuis ijs maken heeft veel voordelen.

Gezond

Jij kiest het recept, je kent de ingrediënten en je weet precies wat je in je mond stopt. Je kunt alternatieve en nieuwe ijs recepten uitproberen; op deze manier hebben we geëxperimenteerd met caloriearm ijs en zelfs veganistisch ijs.

Voordelig

Je gaat waarschijnlijk niet failliet als je het ijshoorntje op zondag koopt. Maar als je, zoals wij, meerdere keren per week een bakje van 1 kg in een ijssalon koopt, beginnen de kosten voelbaar te worden.

> *"I gelati sono buoni ma costano milioni"*
> "IJsjes zijn lekker maar ze kosten miljoenen"
> - De *Skiantos*, beroemde rock band uit Bologna in de jaren '70

Om thuis ijs te maken heb je een paar simpele ingrediënten nodig; je hebt ook geen dure ijsmachine nodig om geweldig ijs te maken.

Leuk en creatief

IJs maken is een activiteit voor het hele gezin, geliefd bij zowel volwassenen als kinderen. En het geeft veel voldoening: omdat jij dit heerlijke ijs hebt gemaakt.

Snel

Van het idee om ijs te maken tot wanneer je het eet, het kan minder dan een uur duren: 10 minuten om de ingrediënten te mixen terwijl de ijsmachine afkoelt, en 30-40 minuten wachten terwijl het mengsel *ijs* wordt.

Gereedschap

Keukenweegschaal (*Bilancia* in het Italiaans)

IJs is een mix van vaste en vloeibare ingrediënten.
Sommige ingrediënten worden op de verpakking afgemeten in milliliter
(vloeistoffen zoals slagroom en melk), en andere in grammen (zoals
suiker).

👉 Gram of milliliter?

In onze recepten worden alle
ingrediënten in **grammen**
aangegeven. Je moet dus zowel
vloeibare als vaste ingrediënten
wegen.
Hiervoor heb je een **digitale
weegschaal** nodig die grammen kan
meten.

Om de juiste hoeveelheid af te
meten, weeg elk ingrediënt op de
weegschaal en voeg het toe aan de
mix met de andere ingrediënten.

Mengkom en steelpan

We mengen alle ingrediënten in een mengkom met tuit: zo giet je het
mengsel daarna gemakkelijk in de ijsmachine.

alle italiaanse

Als een recept eieren bevat, *pasteuriseren* we het mengsel: we verwarmen het in een steelpan op laag vuur, om elk risico op bacteriën uit te sluiten.

Staafmixer

Suiker lost niet gemakkelijk op in koude melk. Het lost op, maar duurt vrij lang. Wat dan? Met een staafmixer is het makkelijk, alle ingrediënten zijn binnen enkele seconden gemixt, ook als het mengsel koud is.

De mengkom hoeft geen volumemetingen te hebben, omdat we de ingrediënten wegen met de weegschaal. Het moet groot genoeg zijn om het hele mengsel te bevatten.

alle italiaanse

IJsmachine

In het Italiaans: *gelatiera*.
Niet te verwarren met *gelateria*, de ijssalon.

Onze recepten vereisen het gebruik van een ijsmachine.
De rol van de ijsmachine is de *mantecazione*: het betekent het **ijs mengen op een lage temperatuur**, zodat het mengsel lucht ophoopt en een zacht en romig *gelato* wordt.

Op alle italiaanse delen we ook het recept voor het "ijs" zonder ijsmachine: de ingrediënten zijn hetzelfde, maar het resultaat is noch luchtig noch zacht.

Er zijn **twee soorten ijsmachines**. Beide produceren hetzelfde ijs, maar hebben verschillende kenmerken:

IJsmachine met koekelement

(*Gelatiera ad accumulo* in het Italiaans)

Het koelelement, het deel van de ijsmachine dat het ijs bevat, is uitneembaar en moet enkele uren in de vriezer worden geplaatst (maximaal 24, afhankelijk van het model). Daarna kun je het uit de vriezer halen, de ijsmachine starten en het mengsel inschenken.

Voordelen: hij is compacter dan een zelfvriezende; erg goedkoop, je kunt het ook vinden voor minder dan 50 euro.
Nadelen: je hebt een grote vriezer nodig; je kunt maar één ijsje per dag maken.

Zelfvriezende ijsmachine

(*Gelatiera autorefrigerante* in het Italiaans)

Een zelfvriezende ijsmachine kost vanaf honderd euro meer maar maakt in slecths 40 minuten ijs, en daarna maak je er meteen weer een.
Het koelt in minder dan 10 minuten af, terwijl jij de ingrediënten mixt, en dan werkt het vanzelf. Het is wat groter dan een met koelelement, maar je hoeft geen grote vriezer te hebben.

600 g zeer romig Speculaas ijs, vers gemaakt, in de mand van de ijsmachine. In het midden zit de roerarm.

Basis ingrediënten

Melk (*latte*)

Gebruik **verse, volle melk** met een **vetpercentage** van rond de **3,6 %**: wat je gewoon in de Nederlandse supermarkten vindt. Daarmee berekenden we de hoeveelheden van onze recepten (in ijs zitten vetten en suikers in een bepaalde hoeveelheid).

Slagroom (*panna*)

Verse slagroom met **35% vet**. Geen al ongeklopte slagroom, noch kookroom, die meestal andere stoffen bevat en soms zout is. Je hoeft geen slagroom te kloppen om ijs te maken; je mengt het gewoon met de andere ingrediënten.

Suiker (*zucchero*)

Gewone **kristal suiker**, of anders dezelfde hoeveelheid **rietsuiker**: alleen de smaak verandert. Als alternatief kun je **honing** gebruiken, die echter voor 80% vast en voor 20% vloeibaar is; en daardoor krijg je een ijsje met een andere romigheid.

Ei (*uovo*)

Sommige recepten bevatten eieren: gebruik **alleen de dooiers** en zorg ervoor dat je het eiwit goed verwijdert. Eieren maken het ijs dikker en romiger, maar de bereiding duurt wat langer.

Zijn eieren nodig in ijs?

Veel ijsrecepten online, en ook in de handleiding van de ijsmachine, bevatten altijd eieren: dit geldt waarschijnlijk voor de ijssalon. Als je thuis ijs maakt, zijn eieren **meestal optioneel**.

- Eieren **gaan nooit in fruit ijses**: ook niet als je romig ijs maakt met fruit en melk, en ook niet als je verse sorbetijs maakt met water, fruit en suiker. Eieren zijn in dit geval niet nodig en veranderen inderdaad de smaak van de vrucht.

- **Romige smaken** zoals chocolade, pistache of limoncello kunnen allemaal **met of zonder eieren** worden gemaakt. Met eieren is ijs iets romiger. Zonder eieren gaat de bereiding sneller.

- Eieren zijn altijd in *gelato alla crema* zoals we dat in Italië noemen, dat is de **ijs basisrecept met eieren**.

Gearomatiseerd roomijs

Terwijl je het ijs mengsel opwarmt, is dit een mooie kans om een extra smaak aan het ijs toe te voegen. Voeg bijvoorbeeld vanille toe aan het mengsel in de steelpan, of kaneel, of de eetbare schil van een biologische citroen of sinaasappel.

Deze geven hun smaak af terwijl het ijs opwarmt en afkoelt. Vergeet niet vaste ingrediënten zoals kaneelstokjes te verwijderen voordat je het ijs in de ijsmachine giet.

*De ingrediënten van het basisrecept voor ijs met eieren: melk,
slagroom, suiker en eieren. Optioneel gearomatiseerd met vanille,
eetbare citroenschil, kaneel.*

IJs of roomijs?

Wat in Nederland *roomijs* wordt genoemd heeft een vetgehalte van
minimaal 10%. Ambachtelijk Italiaans ijs daarentegen heeft een lager
vetgehalte, meestal tussen de 5 en 10%.

In onze recepten hanteren we een **vetpercentage van ongeveer 10%**.

alle italiaanse

De temperatuur van de ingrediënten

☞ **Het mengsel dat je in de ijsmachine giet, moet koud zijn.**
Hiervoor gebruiken we altijd koude melk en slagroom uit de koelkast.
Als het mengsel op kamertemperatuur is, zet het dan 20-30 minuten in
de koelkast om af te koelen.
Zo maakt de ijsmachine in korte tijd *uitstekend* ijs.

Bereidingstijd

Als het recept geen verwarming van de ingrediënten bevat, is het maken
van ijs heel snel. Je mixt de ingrediënten in 10 minuten terwijl de
ijsmachine afkoelt.

Als je een **koud mengsel** in de **gekoelde ijsmachine** giet, maakt de
ijsmachine - afhankelijk van de hoeveelheid ijs - in ongeveer een half uur
ijs.

Als het recept eieren bevat, of als je de chocolade moet smelten, duurt de
bereiding langer. Want zoals we net schreven, moet je het mengsel eerst
opwarmen en daarna laten afkoelen.

alle italiaanse

Porties

De meeste ijsmachines voor thuisgebruik kunnen 1,5 liter ijs produceren; de kleinste 1 liter, de grootste 2 liter.

Met onze recepten kun je ongeveer 600 g ijs maken, wat je met alle ijsmachines kunt maken. Dat is een hoeveelheid ijs voor ongeveer 3 personen.

☞ Wil je **meer ijs** maken? Vermenigvuldig dan elk ingrediënt met 1,5 of 2.

Energiewaarden

Om *ijs* te worden, heeft onze mengsel een **vetpercentage** van ongeveer **10 %** en een percentage **suikers** van ongeveer **16 %** nodig.

Bij elk recept noteren we de calorieën. Bijvoorbeeld, met de ingrediënten die we gebruikten:

Fiordilatte zonder ei	200 kcal / 100 g
Roomijs met ei	225 kcal / 100 g
Griekse yoghurt	200 kcal / 100 g
Bacio met chocolade 70% en hazelnoten	209 kcal / 100 g
Witte chocolade ijs	209 kcal / 100 g
Stracciatella ijs met ricotta	209 kcal / 100 g
Vegan kokosijs	188 kcal / 100 g
Citroen sorbetijs	138 kcal / 100 g
Spritz ijs	155 kcal / 100 g
Limoncello ijs	200 kcal / 100 g
Stroopwafel ijs	206 kcal / 100 g
Strawberry cheesecake ijs	215 kcal / 100 g
Tiramisù ijs	217 kcal / 100 g

IJs maken:
de bereidingsstappen

De ingrediënten mengen
(*miscelazione*)

Met de staafmixer mixen we het mengsel voor pistache ijs

De ingrediënten die je gebruikt om ijs te maken, moeten **vers en koud** zijn, direct uit de koelkast.

Weeg ze af met een digitale weegschaal en voeg ze vervolgens toe aan het mengsel in de mengkom of steelpan.

Om de ingrediënten van het ijs te mixen raden wij de staafmixer aan, maar je kunt ook een mixer gebruiken.

Voor sommige ingrediënten is de mixer noodzakelijk: we gebruiken hem bijvoorbeeld om fruit, pistachenoten en hazelnoten te hakken.

Lost suiker op in koude vloeistoffen?

Zeker. Wanneer je koude ingrediënten mixt, lost de suiker langzamer op dan bij hete vloeistoffen. Hiervoor gebruiken we een staafmixer - het duurt maar een paar seconden om de suiker op te lossen.

Wat als er schuim ontstaat?

Wanneer je de ijs ingrediënten mixt met de staafmixer, kan de slagroom makkelijk wat luchtbelletjes maken. Dit is geen probleem, het is gewoon lucht - zoals datgene dat het ijs ophoopt terwijl het in de ijsmachine zit.
Als je een paar seconden **met een houten lepel** roert, lost het schuim op. Giet vervolgens de vloeistof in de ijsmachine.

Mengen met eieren

Rauwe eieren kunnen <u>bacteriën bevatten</u> die schadelijk zijn voor de gezondheid. Als het recept eieren bevat, moet je het op laag vuur verwarmen, **tot ongeveer 85°C**.
Daarna laten we het **afkoelen tot kamertemperatuur**; tot slot zetten we het mengsel in de koelkast om het **koud te maken**, voordat we het in de ijsmachine gieten.

De afkoeling versnellen

☞ **Zet het hete mengsel niet direct in de koelkast**: het moet eerst worden afgekoeld tot kamertemperatuur en daarna in de koelkast.

Normaal gesproken heeft het ijsmengsel ongeveer een uur nodig om op kamertemperatuur te komen. Om het proces te versnellen, kun je het *au bain-marie* in water en ijsblokjes doen.

In een koude bain-marie koelt het mengsel in ongeveer 40 minuten af.

Zet het mengsel vervolgens 30 minuten in de koelkast. Als we het in de ijsmachine gieten, moet het koud zijn: zo komt het ijs er *perfect* uit.

alle italiaanse

Het mengsel in de ijsmachine gieten

Tips voor het gebruik van de ijsmachine:

☞ **De ijsmachine moet al koud zijn als je het mengsel inschenkt.**

We gebruiken een zelfkoelende ijsmachine en zetten het eerst aan, voordat we de ingrediënten bereiden, zodat het ondertussen afkoelt. In 10 minuten bereikt onze ijsmachine -30 °C, die dan weer teruggaat naar ongeveer -22 °C het ijs zich vormt.

Onze ijsmachine maakt een kleine hoeveelheid
chocoladeijs bij ongeveer -23 °C

alle italiaanse

☞ **De roerarm van de ijsmachine moet in beweging zijn als je het mengsel inschenkt.**

Om de een of andere reden geeft de handleiding van de ijsmachine nooit duidelijk aan hoe en wanneer het ijs moet worden gegoten.

Er is meestal een opening in de bovenkant van de ijsmachine.

Het wordt niet alleen gebruikt om chocoladevlokken of hazelnoten toe te voegen (zoals we doen in onze Stracciatella en Bacio ijsrecepten), maar ook om het ijs zelf te gieten.

Dus:

1. *Koud mengsel*
2. *Gekoelde ijsmachine*
3. *Roerarm in beweging*

Het ijs in de ijsmachine:
mantecazione

In het Italiaans zeggen we "*mantecazione*", het is het proces dat van het mengsel een zacht *gelato* maakt door het in een koude omgeving te mengen.

Dit proces duurt ongeveer 30-40 minuten en kan variëren afhankelijk van de soort en de hoeveelheid ijs: een sorbetijs is sneller klaar dan een roomijs.

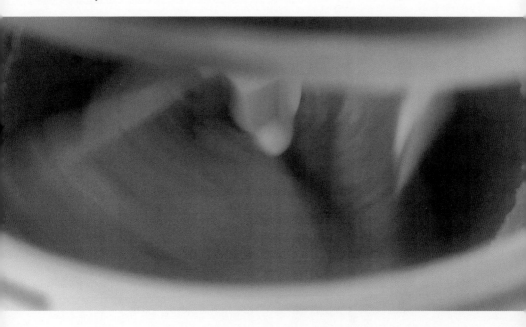

Na 10-15 minuten in de ijsmachine verzamelt het mengsel lucht en wordt het ijs.

☞ Als het mengsel dat je giet niet koud is, heeft de ijsmachine het moeilijker om het ijs te maken.

alle italiaanse

De timer

Op het display van de ijsmachine wordt het aftellen weergegeven, dat begint als de machine wordt aangezet. Onze ijsmachine begint bijvoorbeeld bij 50 minuten.

Aangezien het 10 minuten duurt om de ingrediënten te bereiden en te mixen, schenken we het ijs in als de timer ongeveer 40 minuten aangeeft.

Als de timer op 0 staat, gaat de ijsmachine uit. Niet ideaal als het ijs nog niet klaar is.

☞ Om dit te voorkomen resetten we altijd de timer bij het inschenken van het ijs, en starten we deze opnieuw op vanaf 50 minuten.

Hoe weet je wanneer het ijs klaar is?

Een veelvoorkomend "probleem" bij het gebruik van een ijsmachine is dat de roerarm stopt voordat het ijs klaar is; het bevriest omdat een deel van de verbinding bevroren is, terwijl het andere deel nog vloeibaar is.

Dit gebeurt als de ingrediënten niet in balans zijn, met de juiste verhouding tussen suikers en vetten.

Met de ingrediënten van onze recepten wordt het ijs heel romig: de roerarm bevriest dus niet omdat hij bevroren is, maar stopt vanzelf, langzaam, wanneer hij het zachte ijs niet meer kan mengen.

Kijk naar de uiteinden van de roerarm: ze schrapen een laagje ijs dat vastzit aan de uiteinden van de mand, waar de kou vandaan komt. Met het juiste recept en bereiding komt de roerarm langzaam tot stilstand als het ijs klaar is.

IJs variëren

In het Italiaans zeggen we "*variegatura*": het is ijs met strepen van een andere smaak. In onze recepten voegen we bijvoorbeeld coulis van frambozen of aardbeien en dadelstroop toe.

Er zijn ten minste twee manieren om ijs te variëren:
- Als het ijs *bijna klaar* is, en de ijsmachine nog draait, voeg de stroop toe via de opening op het deksel. Laat het nog even draaien en stop dan de ijsmachine..

of

- Voeg de stroop toe nadat je het ijs uit de ijsmachine hebt gehaald en meng even.

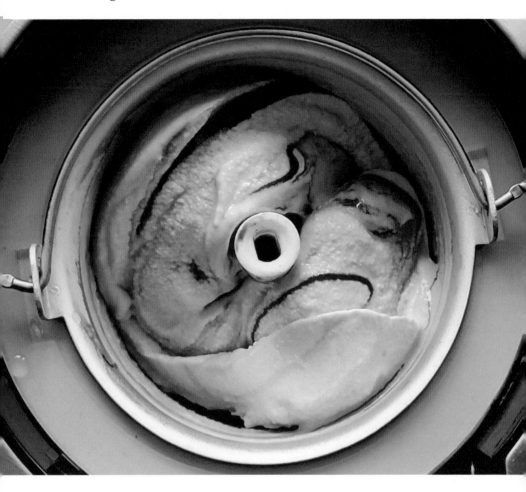

☞ Stroop en coulis zijn heter dan ijs en smelten het een beetje; zet het ijs minimaal een uur in de vriezer voordat je het serveert.

Serveren

Zelfgemaakt ijs komt heel zacht uit de ijsmachine en smelt snel.
Je kunt het meteen eten, of je kunt het een uur in de vriezer bewaren
voordat je het serveert, zodat het "steviger" wordt.

IJsschep

Een heel handig hulpmiddel bij het serveren van ijs is de schep,
waarmee je bolletjes ijs kunt maken.

☞ Gebruik geen metalen ijsschep om het ijs uit de mand van de
zelfkoelende ijsmachine te halen. Het materiaal waarvan de mand is
gemaakt, krast gemakkelijk en moet met zorg worden behandeld.

Bewaren

Zelfgemaakt ijs wordt hard als het vele uren in de vriezer ligt. Maar het
behoudt de romigheid; je kunt het zelfs de volgende dag heel lekker
eten.
☞ Tip: laat het 30' **ontdooien in de koelkast**: zo ontdooit het ijs zonder
snel te smelten en blijft het zacht.
Dit geldt vooral voor sorbetijses en zuivelvrije ijsjes, die in de vriezer iets
harder worden.

IJs recepten

Fiordilatte

IJs basisrecept zonder ei

*Om romig ijs te maken heb je niet per se eieren nodig: op basis
van dit recept kun je vele andere ijssmaken bereiden. In
Italiaanse ijssalons wordt Fiordilatte ook wel «panna» genoemd.*

Ingrediënten

340 g **melk**
170 g **slagroom**
100 g **suiker**

---

610 g ijs
3 personen

198 kcal / 100g

Mengen: 10 min
Afkoelen: -
Roeren: 30-40 min

Totaal **50 min**

Bereiding

1. Zet de zelfkoelende ijsmachine aan om het af
   te koelen; of zorg ervoor dat het koelelement
   al koud is.

2. Giet in een mengkom de koude slagroom en
   melk, vervolgens de suiker, en mix met een
   staafmixer tot de suiker volledig is opgelost.

   ☞ Meng met een lepel enkele seconden om
   het schuim op te lossen.

   ☞ Als het mengsel niet koud is, laat het dan
   30 minuten in de koelkast staan voordat je
   het in de ijsmachine giet.

3. Giet het mengsel in de ijsmachine die al
   draait, gekoeld en met de roerarm
   bewegend, door de opening op het deksel
   van de ijsmachine.

4. Na 15-20 minuten begint het mengsel in
   volume toe te nemen; na 30-40 minuten is het
   ijs klaar.

   ☞ Zet het ijs 30 minuten in de vriezer om
   het compacter te serveren.

Vanille roomijs

IJs basisrecept met ei

In het Italiaans heet het «Gelato alla crema»: het basisrecept van ijssmaken met eieren. Het ei maakt het ijs dikker, maar er is een extra stap nodig, die belangrijk is om bacteriën uit de eieren te verwijderen.

Ingrediënten

350 g **melk**
120 g **slagroom**
105 g **suiker**
3 **eidooiers** (45 g)
3 **vanillestokjes**

---

625 g ijs
3 personen

196 kcal / 100g

Mengen: 10 min
Afkoelen: 1 uur 30 min
Roeren: 30-40 min

Totaal **2 uur 20 min**

Bereiding

1. Scheid de dooiers van het wit en doe ze in een steelpan.

2. Voeg de suiker, slagroom en melk toe en mix met een staafmixer tot een romig en glad mengsel.

3. Verwarm het mengsel in de steelpan op zeer laag vuur en blijf roeren met een houten lepel.

4. Voeg nu de vanillestokjes toe, die het aroma vrijgeven als het mengsel opwarmt.

5. Roer het zeer hete maar niet kokende mengsel gedurende 1-2 minuten.

   ☞ Het mengsel moet ongeveer 83 °C bereiken; bij een hogere temperatuur maakt het ei klontjes.

6. Laat het mengsel eerst 1 uur afkoelen op kamertemperatuur en vervolgens 30' in de koelkast.

7. Zet de zelfkoelende ijsmachine aan om het af te koelen; of zorg ervoor dat het koelelement al koud is.

8. Haal het koude mengsel uit de koelkast, verwijder de vanillestokjes en weeg het. Als het minder weegt dan in het begin (melk + slagroom + suiker + dooiers = 625 g), is er waarschijnlijk wat water verdampt. Voeg vervolgens koud water toe om het terug te brengen naar 625 g. Mix alles met de staafmixer.

9. Giet het mengsel in de ijsmachine die al draait, gekoeld en met de roerarm bewegend, door de opening op het deksel van de ijsmachine.

10. Na 15-20 minuten begint het mengsel in volume toe te nemen; na 30-40 minuten is het ijs klaar.

☞ Zet het ijs 30 minuten in de vriezer om het compacter te serveren.

Kaneelijs

De bereiding en ingrediënten van kaneelijs zijn dezelfde als die van roomijs: in plaats van vanillestokjes gebruik je 5 kaneelstokjes om het mengsel te aromatiseren.

5 **kaneelstokjes**

350 g **melk**

120 g **slagroom**

105 g **suiker**

3 **eidooiers**

Citroenijs

De romige versie van citroenijs: volg het roomijs recept en vervang de vanille door de eetbare schil van 3 citroenen. Je kunt ook de schil van een halve citroen raspen in het ijsmengsel dat je in de ijsmachine giet.

Schil van 3 **citroenen**

350 g **melk**

120 g **slagroom**

105 g **suiker**

3 **eidooiers**

☞ Gebruik alleen citroenen met een **eetbare en onbehandelde schil**: dit staat op de verpakking vermeld.

Griekse yoghurtijs

Het yoghurtijs basisrecept. We maken het extra romig
met 10% vet yoghurt; natuurlijk zonder eieren, om alle
smaak van de yoghurt te behouden.

Ingrediënten

220 g **melk**
155 g **slagroom**
155 g **griekse**
yoghurt
95 g **suiker**

---

625 g ijs
3 personen

200 kcal / 100g

Mengen: 10 min
Afkoelen: -
Roeren: 30-40 min

Totaal **50 min**

Bereiding

1. Zet de zelfkoelende ijsmachine aan om het af te koelen; of zorg ervoor dat het koelelement al koud is.

2. Giet in een mengkom de koude yoghurt, slagroom en melk, vervolgens de suiker, en mix met een staafmixer tot de suiker volledig is opgelost.

   ☞ Voeg eventueel een snufje zout toe voor extra smaak.

   ☞ Als het mengsel niet koud is, laat het dan 30 minuten in de koelkast staan voordat je het in de ijsmachine giet.

3. Giet het mengsel in de ijsmachine die al draait, gekoeld en met de roerarm bewegend, door de opening op het deksel van de ijsmachine.

4. Na 15-20 minuten begint het mengsel in volume toe te nemen; na 30-40 minuten is het ijs klaar.

   ☞ Zet het ijs 30 minuten in de vriezer om het compacter te serveren.

👉 Vermengd met de staafmixer vormt de slagroom een schuimlaag.

Je kunt het met een houten lepel verdunnen. Zo giet je het ijs gemakkelijk in de ijsmachine.

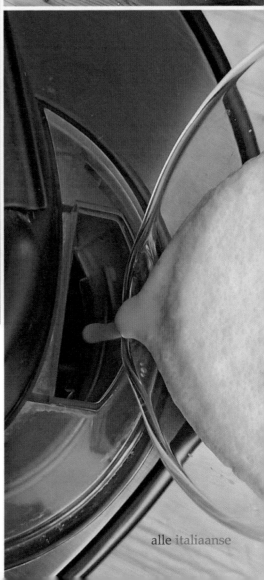

alle italiaanse

Geitenmelk ijs met honing

Recept zonder ei

*Een variatie op fiordilatte met de smaak van geitenmelk
en een vleugje honing*

Ingrediënten

340 g **geitenmelk**
170 g **slagroom**
80 g **suiker**
30g **honing**

---

620 g ijs
3 personen

198 kcal / 100g

Mengen: 10 min
Afkoelen: -
Roeren: 30-40 min

Totaal **50 min**

Bereiding

1. Zet de zelfkoelende ijsmachine aan om het af te koelen; of zorg ervoor dat het koelelement al koud is.

2. Giet in een mengkom de koude slagroom en geitenmelk, vervolgens honing en suiker, en mix met een staafmixer tot de suiker volledig is opgelost.

   ☞ Meng met een lepel enkele seconden om het schuim op te lossen.

   ☞ Als het mengsel niet koud is, laat het dan 30 minuten in de koelkast staan voordat je het in de ijsmachine giet.

3. Giet het mengsel in de ijsmachine die al draait, gekoeld en met de roerarm bewegend, door de opening op het deksel van de ijsmachine.

4. Na 15-20 minuten begint het mengsel in volume toe te nemen; na 30-40 minuten is het ijs klaar.

   ☞ Zet het ijs 30 minuten in de vriezer om het compacter te serveren.

Kwark ijs

Recept zonder ei

Het ijs met kwark is heel romig en doet denken aan de tiramisù ijssmaak. Aan het einde van de bereiding voegen we dadelstroop toe om het te variëren.

Ingrediënten

220 g **melk**
220 g **volle kwark**
105 g **suiker**
100 g **slagroom**

Om te variëren:
30 g **dadelstroop**

---

675 g ijs
3 personen

187 **kcal** / 100g

Mengen: 10 min
Afkoelen: -
Roeren: 30-40 min

Totaal **50 min**

Bereiding

1. Zet de zelfkoelende ijsmachine aan om het af te koelen; of zorg ervoor dat het koelelement al koud is.

2. Zet de dadelstroop in de koelkast terwijl je het ijs bereidt. Het moet koud zijn als je het in de ijsmachine giet.

3. Giet in een mengkom de koude melk, slagroom en kwark, vervolgens de suiker, en mix met een staafmixer tot een gladde mengsel.

4. Giet het mengsel in de ijsmachine die al draait, gekoeld en met de roerarm bewegend, door de opening op het deksel van de ijsmachine.
   ☞ Start indien nodig de timer van de ijsmachine opnieuw.

5. Na 15-20 minuten begint het mengsel in volume toe te nemen; na 30-40 minuten is het ijs klaar.

IJs variëren

6. Als het ijs klaar is en de roerarm van de ijsmachine nog beweegt, voeg de dadelstroop toe via de opening in het deksel van de ijsmachine.

Laat de arm nog 8-10 keer draaien en stop dan de ijsmachine. Zo wordt het ijs gekleurd met de tinten van de stroop.

☞ Zet het ijs 30 minuten in de vriezer om het compacter te serveren.

Gemberijs

Recept zonder ei

«Zenzero» in het Italiaans, is een verfijnde en kruidige
smaak die je zelden in ijssalons tegenkomt. We
aromatiseren de melk met verse gember, voor een pittig ijsje

Ingrediënten

340 g **melk**
170 g **slagroom**
100 g **suiker**
100 g **verse gember**

---

630 g ijs
3 personen

198 kcal / 100g

Mengen: 10 min
Afkoelen: 1 uur 30
min
Roeren: 30-40 min

Totaal **2 uur 20 min**

Bereiding

1. Schil 80 g gember en snijd hem in dunne plakjes.

2. Giet de melk in een steelpan en verwarm deze op laag vuur. Voeg ook de plakjes gember toe.

3. Blijf roeren en verwarm de melk goed zonder deze aan de kook te brengen. Als deze warm is, zet het vuur uit en laat het rusten.

4. Laat de melk eerst 1 uur afkoelen op kamertemperatuur en vervolgens 30' in de koelkast. Het mengsel moet koud zijn als je het in de ijsmachine giet.
   ☞ Hoe langer de plakjes gember in de melk weken, hoe voller de smaak van het ijs zal zijn.

5. Zet de zelfkoelende ijsmachine aan om het af te koelen; of zorg ervoor dat het koelelement al koud is.

6. Verwijder de plakjes gember en weeg de melk. Als het minder weegt dan in het

begin, is er waarschijnlijk wat water verdampt.

Voeg vervolgens koud water toe om het terug te brengen naar 340 g. Schil en hak de resterende 20 g gember zeer fijn.

7. Giet in een mengkom de koude melk, de slagroom en de suiker. Voeg de vers gesneden gember toe en mix met een staafmixer tot de suiker volledig is opgelost.

   ☞ Voeg eventueel een snufje zout toe voor extra smaak.

8. Giet het mengsel in de ijsmachine die al draait, gekoeld en met de roerarm bewegend, door de opening op het deksel van de ijsmachine.

   ☞ Start indien nodig de timer van de ijsmachine opnieuw.

9. Na 15-20 minuten begint het mengsel in volume toe te nemen; na 30-40 minuten is het ijs klaar.

   ☞ Zet het ijs 30 minuten in de vriezer om het compacter te serveren.

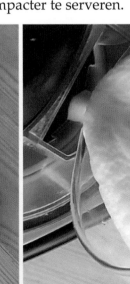

Melk en munt ijs

Recept zonder ei

«Latte e menta», melk en munt is een traditioneel zomerdrankje, dat koud geserveerd wordt in de «latteria», de melkwinkel. Wij aromatiseren de melk met verse muntblaadjes, die daardoor een lichtgroene kleur krijgt

Ingrediënten

340 g **melk**
170 g **slagroom**
100 g **suiker**
30 **verse muntblaadjes**

---

610 g ijs
3 personen

198 kcal / 100g

Mengen: 10 min
Afkoelen: 1 uur 30 min
Roeren: 30-40 min

Totaal **2 uur 20 min**

Bereiding

1. Was de muntblaadjes goed met koud water en droog ze vervolgens af met een schone doek of met een slacentrifuge.

2. Giet de melk in een steelpan en verwarm deze op laag vuur. Voeg ook de muntblaadjes toe.

3. Blijf roeren en verwarm de melk goed zonder deze aan de kook te brengen. Als deze warm is, zet het vuur uit en laat het rusten.

4. Laat de melk eerst 1 uur afkoelen op kamertemperatuur en vervolgens 30' in de koelkast. Het mengsel moet koud zijn als je het in de ijsmachine giet.

   ☞ Hoe langer de muntblaadjes in de melk weken, hoe voller de smaak van het ijs zal zijn.

5. Zet de zelfkoelende ijsmachine aan om het af te koelen; of zorg ervoor dat het koelelement al koud is.

alle italiaanse

6. Verwijder de muntblaadjes en weeg de melk. Als het minder weegt dan in het begin, is er waarschijnlijk wat water verdampt.
Voeg vervolgens koud water toe om het terug te brengen naar 340 g.

7. Giet in een mengkom de koude melk, de slagroom, de suiker en mix met een staafmixer tot de suiker volledig is opgelost.

☞ Voeg eventueel een snufje zout toe voor extra smaak.

8. Giet het mengsel in de ijsmachine die al draait, gekoeld en met de roerarm bewegend, door de opening op het deksel van de ijsmachine.

☞ Start indien nodig de timer van de ijsmachine opnieuw.

9. Na 15-20 minuten begint het mengsel in volume toe te nemen; na 30-40 minuten is het ijs klaar.

☞ Zet het ijs 30 minuten in de vriezer om het compacter te serveren.

alle italiaanse ©KitchenBro

Zoethout ijs

Recept zonder ei

IJs gearomatiseerd met zoethout stokjes doet sterk denken aan de smaak van old timers dropjes, en verdwijnt altijd snel uit onze vriezer

Ingrediënten

340 g **melk**
170 g **slagroom**
100 g **suiker**
20 g **zoethout stokjes**

---

610 g ijs
3 personen

198 kcal / 100g

Mengen: 10 min
Afkoelen: 1 uur 30 min
Roeren: 30-40 min

Totaal **2 uur 20 min**

Bereiding

1. Doe de zoethout stokjes in een blender en hak ze fijn.

2. Giet de melk in een steelpan en verwarm deze op laag vuur. Voeg ook de gehakte zoethout stokjes toe.

3. Blijf roeren en verwarm de melk goed zonder deze aan de kook te brengen. Als deze warm is, zet het vuur uit en laat het rusten.

4. Laat de melk eerst 1 uur afkoelen op kamertemperatuur en vervolgens 30' in de koelkast. Het mengsel moet koud zijn als je het in de ijsmachine giet.
   ☞ Hoe langer de zoethout stokjes in de melk weken, hoe voller de smaak van het ijs zal zijn.

5. Zet de zelfkoelende ijsmachine aan om het af te koelen; of zorg ervoor dat het koelelement al koud is.

6. Filter met een fijnmazige zeef de zoethout en weeg de melk. Als het minder weegt dan in het begin, is er waarschijnlijk wat water verdampt.

Voeg vervolgens koud water toe om het terug te brengen naar 340 g.

7. Giet in een mengkom de koude melk, de slagroom, de suiker en mix met een staafmixer tot de suiker volledig is opgelost.

   ☞ Voeg eventueel een snufje zout toe voor extra smaak.

8. Giet het mengsel in de ijsmachine die al draait, gekoeld en met de roerarm bewegend, door de opening op het deksel van de ijsmachine.

   ☞ Start indien nodig de timer van de ijsmachine opnieuw.

9. Na 15-20 minuten begint het mengsel in volume toe te nemen; na 30-40 minuten is het ijs klaar.

   ☞ Zet het ijs 30 minuten in de vriezer om het compacter te serveren.

alle

Koffieijs met honing

Recept zonder ei

In Italië kennen we dit ijssmaak als «Coppa del nonno»,
opa's kopje. Een heerlijke variant van koffie-ijs, voor
liefhebbers van espresso en slagroom

Ingrediënten

220 g **melk**
180 g **slagroom**
100 g **suiker**
30 g **honing**
90 g **espresso koffie**

---

620 g ijs
3 personen

202 kcal / 100g

Bereiden: 20 min
Afkoelen: 20 min
Roeren: 30-40 min

Totaal **1 uur 20 min**

Bereiding

1. Maak espresso of mokka en laat het volledig afkoelen. De koffie moet erg dik zijn.

2. Zet de zelfkoelende ijsmachine aan om het af te koelen; of zorg ervoor dat het koelelement al koud is.

3. Giet in een mengkom de koude melk, koffie en slagroom, vervolgens de suiker, en mix met een staafmixer tot de suiker volledig is opgelost.

   ☞ Voeg eventueel een snufje zout toe voor extra smaak.

   ☞ Meng met een lepel enkele seconden om het schuim op te lossen.

4. Giet het mengsel in de ijsmachine die al draait, gekoeld en met de roerarm bewegend, door de opening op het deksel van de ijsmachine.

5. Na 15-20 minuten begint het mengsel in volume toe te nemen; na 30-40 minuten is het ijs klaar.

alle italiaanse

Bacio

met chocolade 70% en hazelnoten

In dit recept smelten we de chocolade om het ijs te maken. Bacio betekent in het Italiaans "kus": de naam van deze ijssmaak komt van de Baci Perugina, de hazelnootchocolade die populair is bij geliefden.

Ingrediënten

200 g **melk**
150 g **water**
75 g **slagroom**
60 g **honing**
50 g **suiker**
30 g **chocolade 70%**
30 g **cacaopoeder**
25 g **gepelde hazelnoten**

---

620 g ijs
3 personen

209 kcal / 100g

Mengen: 10 min
Afkoelen: 1 uur
Roeren: 30-40 min

Totaal **1 uur 50 min**

Bereiding

1. Breek de chocolade in dunne vlokken met een rasp of een mes.

2. Giet het water, de melk en de slagroom in een steelpan en verwarm het mengsel op een zeer laag vuur. Voeg de honing toe, beetje bij beetje de suiker en het cacaopoeder. Mix met een staafmixer tot cacao en suiker zijn opgelost.

   ☞ Voeg eventueel een snufje zout toe voor extra smaak.

3. Blijf roeren en verwarm het mengsel goed zonder het aan de kook te brengen. Als het warm is, zet het vuur uit en laat het een paar minuten rusten.

4. Voeg de chocoladevlokken toe aan het hete mengsel en mix alles met een staafmixer.

5. Laat het mengsel 40 minuten afkoelen op kamertemperatuur en nog eens 20 minuten in de koelkast. Het mengsel moet koud zijn als je het in de ijsmachine giet.

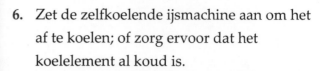

6. Zet de zelfkoelende ijsmachine aan om het af te koelen; of zorg ervoor dat het koelelement al koud is.

7. Hak de hazelnoten zo fijn mogelijk met de mixer, als een pasta.

☞ Bewaar een paar hazelnoten om minder fijn te hakken en houd ze apart. We voegen ze toe als het ijs bijna klaar is.

8. Haal het koude mengsel uit de koelkast en voeg de fijngehakte hazelnoten toe; mix alles met een staafmixer.

9. Giet het mengsel in de ijsmachine die al draait, gekoeld en met de roerarm bewegend, door de opening op het deksel van de ijsmachine.

10. Na 15-20 minuten begint het mengsel in volume toe te nemen; na 30-40 minuten is het ijs klaar.

Hazelnootstukjes

Als het ijs bijna klaar is, kun je meer hazelnootstukjes toevoegen door de opening op het deksel van de ijsmachine.

☞ Zet het ijs 30 minuten in de vriezer om het compacter te serveren.

alle italiaanse

alle italiaanse

Chocolade-ijs met cacao

Recept zonder ei

Het snelste chocolade-ijs recept, het is erg lekker met de cacao die we hier in Nederland vinden. Deze versie is iets romiger dan die op de website

Ingrediënten

350 g **melk**
140 g **slagroom**
100 g **suiker**
30 g **cacaopoeder**

---

620 g ijs
3 personen

195 kcal / 100g

Mengen: 10 min
Afkoelen: -
Roeren: 30-40 min

Totaal **50 min**

Bereiding

1. Zet de zelfkoelende ijsmachine aan om het af te koelen; of zorg ervoor dat het koelelement al koud is.

2. Giet in een mengkom de koude slagroom en melk, vervolgens de suiker en het cacaopoeder, en mix met een staafmixer tot de suiker volledig is opgelost.

   ☞ Voeg eventueel een snufje zout toe voor extra smaak.

   ☞ Als het mengsel niet koud is, laat het dan 30 minuten in de koelkast staan voordat je het in de ijsmachine giet.

3. Giet het mengsel in de ijsmachine die al draait, gekoeld en met de roerarm bewegend, door de opening op het deksel van de ijsmachine.

4. Na 15-20 minuten begint het mengsel in volume toe te nemen; na 30-40 minuten is het ijs klaar.

   ☞ Zet het ijs 30 minuten in de vriezer om het compacter te serveren.

Vegan chocolade-ijs en munt

Recept zonder melk

De smaak van chocolade is intenser als we een sorbetijs maken, met alleen water en suiker en zonder melk. Terwijl we de chocolade smelten, kunnen we deze op smaak brengen met verse muntblaadjes

Ingrediënten

420 g **water**
135 g **chocolade 70%**
75 g **suiker**
30 **verse muntblaadjes**

---

630 g ijs
3 personen

161 kcal / 100g

Mengen: 10 min
Afkoelen: 1 uur
Roeren: 30-40 min

Totaal **1 uur 50 min**

Bereiding

1. Breek de chocolade in dunne vlokken met een rasp of een mes.

2. Was de muntblaadjes goed met koud water en droog ze vervolgens af met een schone doek of met een slacentrifuge.

3. Giet het water en de suiker in een steelpan, meng op laag vuur tot het kookt.
   Voeg de muntblaadjes toe en kook een minuut.

4. Haal vervolgens de pan van het vuur en laat het een minuutje rusten, dan voeg de chocoladevlokken toe en meng goed tot het volledig gesmolten is.

5. Laat het mengsel 40 minuten afkoelen op kamertemperatuur en daarna nog eens 20 minuten in de koelkast. Het mengsel moet koud zijn als je het in de ijsmachine giet.

6. Zet de zelfkoelende ijsmachine aan om het af te koelen; of zorg ervoor dat het koelelement al koud is.

7. Haal het koude mengsel uit de koelkast, verwijder de muntblaadjes en weeg het mengsel. Het moet minder wegen dan 630g, omdat een deel van het water is verdampt. Voeg vervolgens koud water toe om het terug te brengen naar 630 g, en mix goed met de staafmixer.

8. Giet het mengsel in de ijsmachine die al draait, gekoeld en met de roerarm bewegend, door de opening op het deksel van de ijsmachine.

9. Na 15-20 minuten begint het mengsel in volume toe te nemen; na 30-40 minuten is het ijs klaar.

☞ In de vriezer bewaard, heeft zuivelvrij ijs de neiging harder te worden. Om het weer zacht te maken, ontdooi het een half uur in de koelkast.

Witte Chocolade ijs

Recept zonder ei

Witte chocolade ijs zonder eieren heeft een zeer delicate smaak.
Meng de ingrediënten goed en lang: tijdens de bereiding vormt
witte chocolade meer klontjes dan pure chocolade.

Ingrediënten

380 g **melk**
100 g **witte chocolade**
100 g **slagroom**
50 g **suiker**

---

630 g ijs
3 personen

209 kcal / 100g

Mengen: 10 min
Afkoelen: 1 uur
Roeren: 30-40 min

Totaal **1 uur 50 min**

Bereiding

1. Breek de chocolade in dunne vlokken met een rasp of een mes.

2. Giet de melk en de slagroom in een steelpan en verwarm het mengsel op een zeer laag vuur. Voeg geleidelijk de suiker toe, en mix met een staafmixer tot de suiker is opgelost.

3. Blijf roeren en verwarm het mengsel goed zonder het aan de kook te brengen. Als het warm is, zet het vuur uit en laat het een minuut rusten.

4. Voeg de chocoladevlokken toe aan het hete mengsel en mix alles met een staafmixer.

5. Laat het mengsel 40 minuten afkoelen op kamertemperatuur en nog eens 20 minuten in de koelkast. Het mengsel moet koud zijn als je het in de ijsmachine giet.

6. Zet de zelfkoelende ijsmachine aan om het af te koelen; of zorg ervoor dat het koelelement al koud is.

7. Haal het koude mengsel uit de koelkast en mix nog een keer met de staafmixer.

8. Giet het mengsel in de ijsmachine die al draait, gekoeld en met de roerarm bewegend, door de opening op het deksel van de ijsmachine.

9. Na 15-20 minuten begint het mengsel in volume toe te nemen; na 30-40 minuten is het ijs klaar.

   ☞ Zet het ijs 30 minuten in de vriezer om het compacter te serveren.

Pistache ijs met honing

Recept met ei

«Gelato al pistacchio» in het Italiaans. De beste kwaliteit pistachenoten in Italië komen uit Bronte, een dorp op de hellingen van de Etna vulkaan op Sicilië. In dit recept kijken we of zelfgemaakt pistache ijs echt groen is.

Ingrediënten

330 g **melk**
95 g **pistachenoten**
80 g **slagroom**
50 g **honing**
50 g **suiker**
1 **eidooier** (15 g)

---

620 g ijs
3 personen

---

244 kcal / 100g

Mengen: 10 min
Afkoelen: 1 uur 30 min
Roeren: 30-40 min

Totaal **2 uur 20 min**

Bereiding

1. Scheid de dooiers van het wit en doe ze in een steelpan.

2. Voeg de slagroom, melk, suiker en honing toe en mix met een staafmixer tot een romig en glad mengsel.

3. Verwarm het mengsel in de steelpan op zeer laag vuur en blijf roeren met een houten lepel.

4. Roer het zeer hete maar niet kokende mengsel gedurende 1-2 minuten.

   ☞ Het mengsel moet ongeveer 83 °C bereiken; bij een hogere temperatuur maakt het ei klontjes.

5. Laat het mengsel eerst 1 uur afkoelen op kamertemperatuur en vervolgens 30' in de koelkast.

6. Hak de pistachenoten zo fijn mogelijk met de mixer, als een pasta.

alle italiaanse

7. Zet de zelfkoelende ijsmachine aan om het af te koelen; of zorg ervoor dat het koelelement al koud is.

8. Haal het koude mengsel uit de koelkast en weeg het. Als het minder weegt dan in het begin (melk + slagroom + suiker + honing + dooiers = 525 g), is er waarschijnlijk wat water verdampt.
Voeg vervolgens koud water toe om het terug te brengen naar 525 g.

9. Voeg de fijngehakte pistachenoten toe en mix alles met de staafmixer.

10. Giet het mengsel in de ijsmachine die al draait, gekoeld en met de roerarm bewegend, door de opening op het deksel van de ijsmachine.

11. Na 15-20 minuten begint het mengsel in volume toe te nemen; na 30-40 minuten is het ijs klaar.

Vegan pistache-kokosijs

Recept zonder ei en melk

Een veganistisch alternatief voor klassiek pistache-ijs,
zacht en romig dankzij de vetten in kokosmelk

Ingrediënten

280 g **water**
210 g **kokosmelk**
40 g **pistachenoten**
100 g **suiker**

---

630 g ijs
3 personen

164 kcal / 100g

Mengen: 10 min
Afkoelen: -
Roeren: 30-40 min

Totaal **50 min**

Bereiding

1. Zet de zelfkoelende ijsmachine aan om het af te koelen; of zorg ervoor dat het koelelement al koud is.

2. Hak de pistachenoten zo fijn mogelijk met de mixer, als een pasta.

3. Giet in een mengkom het koude water en de kokosmelk, vervolgens de pistachenoten en suiker, en mix met een staafmixer tot een gladde mengsel.

   ☞ Voeg eventueel een snufje zout toe voor extra smaak.

4. Giet het mengsel in de ijsmachine die al draait, gekoeld en met de roerarm bewegend, door de opening op het deksel van de ijsmachine.

5. Na 15-20 minuten begint het mengsel in volume toe te nemen; na 30-40 minuten is het ijs klaar.

   ☞ In de vriezer bewaard, heeft zuivelvrij ijs de neiging harder te worden. Om het weer zacht te maken, ontdooi het een half uur in de koelkast.

alle italiaanse

Amandelen ijs

Recept zonder ei

Een romig «gelato alle mandorle» met melk en gehakte amandelen.

Ingrediënten

450 g **melk**
60 g **amandelen**
30 g **slagroom**
100 g **suiker**

---

640 g ijs
3 personen

184 kcal / 100g

Bereiden: 20 min
Afkoelen: -
Roeren: 30-40 min

Totaal **1 uur**

Bereiding

1. Verwijder het vel van de amandelen: dompel ze een paar minuten in kokend water, waarna het vel gemakkelijk loslaat.

2. Zet de zelfkoelende ijsmachine aan om het af te koelen; of zorg ervoor dat het koelelement al koud is.

3. Hak de amandelen zo fijn mogelijk met de mixer, als een pasta.

4. Giet in een mengkom de koude melk en slagroom, vervolgens de amandelen en suiker, en mix met een staafmixer tot een gladde mengsel.

   ☞ Als het mengsel niet koud is, laat het dan 30 minuten in de koelkast staan voordat je het in de ijsmachine giet.

5. Giet het mengsel in de ijsmachine die al draait, gekoeld en met de roerarm bewegend, door de opening op het deksel van de ijsmachine.

6. Na 15-20 minuten begint het mengsel in volume toe te nemen; na 30-40 minuten is het ijs klaar.

Stracciatella ijs met ricotta

Recept zonder ei

De Stracciatella ijssmaak werd gemaakt door ijsmaker Enrico Panattoni van café "La Marianna" in Bergamo in 1961. In dit recept leren we hoe je chocoladevlokken toevoegt aan ijs.

Ingrediënten

290 g **melk**
120 g **slagroom**
100 g **ricotta**
90 g **suiker**
30 g **chocolade 70%**

---

630 g ijs
3 personen

209 kcal / 100g

Mengen: 10 min
Afkoelen: -
Roeren: 30-40 min

Totaal **50 min**

Bereiding

1. Zet de zelfkoelende ijsmachine aan om het af te koelen; of zorg ervoor dat het koelelement al koud is.

2. Giet in een mengkom de koude ricotta, slagroom en melk, vervolgens de suiker, en mix met een staafmixer tot de suiker volledig is opgelost.

   ☞ Voeg eventueel een snufje zout toe voor extra smaak.

   ☞ Als het mengsel niet koud is, laat het dan 30 minuten in de koelkast staan voordat je het in de ijsmachine giet.

3. Giet het mengsel in de ijsmachine die al draait, gekoeld en met de roerarm bewegend, door de opening op het deksel van de ijsmachine.

4. Hak de chocolade in dunne vlokken met een rasp of een mes; bewaar ze koud in de koelkast.

5. Na 15-20 minuten begint het mengsel in volume toe te nemen; na 30-40 minuten is het ijs klaar.

6. Chocoladeschilfers

Voeg een minuut voordat het ijs klaar is, terwijl de roerarm nog steeds beweegt, de chocoladestukjes toe via de opening in het deksel van de ijsmachine.

☞ Zet het ijs 30 minuten in de vriezer om het compacter te serveren.

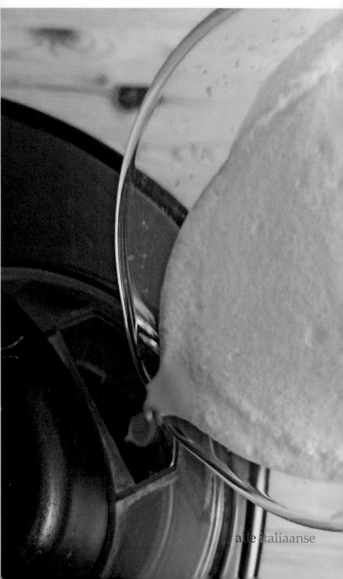

Siciliaanse Cassata ijs

Recept zonder ei

De traditionele Siciliaanse Cassata bevat ricotta van schapenmelk; we gebruiken ricotta van koemelk, makkelijker te vinden hier in Nederland. Aan het einde van de bereiding voegen we het gekonfijte fruit toe.

Ingrediënten

280 g **melk**
150 g **ricotta**
100 g **slagroom**
100 g **suiker**
30 g **gekonfijt fruit**

---

660 g ijs
3 personen

190 kcal / 100g

Mengen: 10 min
Afkoelen: -
Roeren: 30-40 min

Totaal **50 min**

Bereiding

1. Bereid de stukjes gekonfijt fruit voor. Je kunt gedroogd fruit snijden zoals wij, of kant-en-klaar gekonfijt fruit gebruiken.

2. Verdeel de gekonfijte vruchten over een bord en bewaar ze in de vriezer: zo plakken ze niet aan elkaar als we ze aan het ijs toevoegen.

3. Zet de zelfkoelende ijsmachine aan om het af te koelen; of zorg ervoor dat het koelelement al koud is.

4. Giet in een mengkom de koude melk, slagroom en ricotta, vervolgens de suiker, en mix met een staafmixer tot de suiker volledig is opgelost.

   ☞ Voeg eventueel een snufje zout toe voor extra smaak.

5. Giet het mengsel in de ijsmachine die al draait, gekoeld en met de roerarm bewegend, door de opening op het deksel van de ijsmachine.

6. Na 15-20 minuten begint het mengsel in volume toe te nemen; na 30-40 minuten is het ijs bijna klaar.

7. **Gekonfijt fruit**

   Een minuut voordat het ijs klaar is, haal het gekonfijte fruit uit de vriezer en doe het in een kom.

   Terwijl de roerarm nog nog steeds beweegt, voeg het gekonfijte fruit toe via de opening in het deksel van de ijsmachine.

8. Laat het ijs nog 2 minuten roeren in de ijsmachine.

   ☞ Zet het ijs 30 minuten in de vriezer om het compacter te serveren.

alle italiaanse

Vegan kokos sorbetijs

Recept zonder koemelk

IJs maken zonder slagroom, melk en eieren kan zeker. We gebruiken kokosmelk samen met alleen water en suiker om een verse kokos sorbetijs te maken

Ingrediënten	Bereiding

Ingrediënten

355 g **kokosmelk 18%**
180 g **water**
120 g **suiker**

---

655 g ijs
3 personen

172 **kcal** / 100g

Mengen: 10 min
Afkoelen: -
Roeren: 30-40 min

Totaal **50 min**

Bereiding

1. Zet de zelfkoelende ijsmachine aan om het af te koelen; of zorg ervoor dat het koelelement al koud is.

2. Giet in een mengkom de koude kokosmelk en water, vervolgens de suiker, en mix met een staafmixer tot de suiker volledig is opgelost.

   ☞ Voeg eventueel een snufje zout toe voor extra smaak.

   ☞ Als het mengsel niet koud is, laat het dan 30 minuten in de koelkast staan voordat je het in de ijsmachine giet.

3. Giet het mengsel in de ijsmachine die al draait, gekoeld en met de roerarm bewegend, door de opening op het deksel van de ijsmachine.

4. Na 15-20 minuten begint het mengsel in volume toe te nemen; na 30-40 minuten is het ijs klaar.

   ☞ In de vriezer bewaard, heeft zuivelvrij ijs de neiging harder te worden. Om het weer zacht te maken, ontdooi het een half uur in de koelkast.

Ricotta Perenijs

Fruitijs met melk

In het Italiaans is er een gezegde: «Al contadino non far sapere quanto è buono il formaggio con le pere», letterlijk «Laat de boer niet weten hoe lekker kaas met peren is». En dus hebben we het ijs gemaakt. Een delicate smaak, die je zelden tegenkomt in ijssalons.

Ingrediënten

200 g **peren**
140 g **slagroom**
120 g **melk**
100 g **ricotta**
95 g **suiker**

---

655 g ijs
3 personen

185 kcal / 100g

Mengen: 10 min
Afkoelen: -
Roeren: 30-40 min

Totaal **50 min**

Bereiding

1. Zet de zelfkoelende ijsmachine aan om het af te koelen; of zorg ervoor dat het koelelement al koud is.

2. Was en schil de peren en snijd ze in kleine stukjes.

3. Giet in een mengkom de koude melk en slagroom, vervolgens de peren, ricotta en suiker, en mix met een staafmixer tot een gladde mengsel.

   ☞ Voeg eventueel een snufje zout toe voor extra smaak.

4. Giet het mengsel in de ijsmachine die al draait, gekoeld en met de roerarm bewegend, door de opening op het deksel van de ijsmachine.

5. Na 15-20 minuten begint het mengsel in volume toe te nemen; na 30-40 minuten is het ijs klaar.

   ☞ Zet het ijs 30 minuten in de vriezer om het compacter te serveren.

Citroen sorbetijs

Recept met eiwit

Citroen sorbetijs is een klassieker van de «bella stagione» (de zomer), waar we ook van genieten met prosecco in de sgroppino. We maken het met eiwit: zacht en romig als de binnenkant van het Liuk ijs.

Ingrediënten

200 g **citroensap**
200 g **water**
200 g **suiker**
35 g **eiwit**

---

635 g ijs
3 personen

138 kcal / 100g

◯ **Tip**

35 g eiwit komt overeen met ongeveer **1 eiwit**. Wij gebruiken **vloeibaar eiwit**, reeds gepasteuriseerd.

Mengen: 15 min
Afkoelen: 45 min
Roeren: 30 min

Totaal **1 uur 30 min**

Bereiding

1. Giet het water en de suiker in een steelpan, meng op laag vuur tot het kookt. Voeg de geraspte eetbare schil van een halve citroen toe en kook een paar minuten.

   ☞ Gebruik alleen citroenen met een eetbare en onbehandelde schil: dit staat op de verpakking vermeld.

2. Haal vervolgens de pan van het vuur en laat een 20 minuten afkoelen op kamertemperatuur en daarna nog eens 20 minuten in de koelkast.

3. Pers de citroenen uit; zet het citroensap samen met de suikersiroop in de koelkast om af te koelen.

4. Zet de zelfkoelende ijsmachine aan om het af te koelen; of zorg ervoor dat het koelelement al koud is.

5. Giet de koude suikersiroop en het citroensap in een mengkom en voeg het

eiwit toe. Mix met een staafmixer tot een gladde mengsel.

6. Giet het mengsel in de ijsmachine die al draait, gekoeld en met de roerarm bewegend, door de opening op het deksel van de ijsmachine.

7. Na 10-15 minuten begint het mengsel in volume toe te nemen; na 30 minuten is het sorbetijs klaar.

Sinaasappel sorbetijs

Recept met eiwit

De bereiding van sinaasappel sorbetijs en citroen sorbetijs is bijzonder omdat we eerst de suikersiroop bereiden, met eetbare sinaasappelschil gearomatiseerd. We voegen ook het eiwit toe, voor een romiger sorbetijs.

Ingrediënten

200 g **sinaasappelsap**
200 g **water**
200 g **suiker**
35 g **eiwit**

---

635 g ijs
3 personen

140 kcal / 100g

◯ **Tip**
35 g komt overeen met ongeveer **1 eiwit**.
Wij gebruiken **vloeibaar eiwit**, reeds gepasteuriseerd.

Mengen: 15 min
Afkoelen: 45 min
Roeren: 30 min

Totaal **1 uur 30 min**

Bereiding

1. Giet het water en de suiker in een steelpan, meng op laag vuur tot het kookt. Voeg de geraspte schil van een halve sinaasappel toe en kook een paar minuten.

   ☞ Gebruik alleen sinaasappels met een eetbare en onbehandelde schil: dit staat op de verpakking vermeld.

2. Haal vervolgens de pan van het vuur en laat een 20 minuten afkoelen op kamertemperatuur en daarna nog eens 20 minuten in de koelkast.

3. Pers de sinaasappel uit; zet het sinaasappelsap samen met de suikersiroop in de koelkast om af te koelen.

4. Zet de zelfkoelende ijsmachine aan om het af te koelen; of zorg ervoor dat het koelelement al koud is.

5. Giet de koude suikersiroop en het sinaasappelsap in een mengkom en voeg het eiwit toe. Mix met een staafmixer tot een gladde mengsel.

6. Giet het mengsel in de ijsmachine die al draait, gekoeld en met de roerarm bewegend, door de opening op het deksel van de ijsmachine.

7. Na 10-15 minuten begint het mengsel in volume toe te nemen; na 30 minuten is het sorbetijs klaar.

Aardbeien sorbetijs

Recept zonder melk

Vruchtenijs is nog lekkerder als je het gewoon maakt met water, zonder melk en zonder slagroom, want dat versterkt het aroma van het fruit. Het heet sorbetijs, «sorbetto» in het Italiaans.

Ingrediënten

300 g **aardbeien**
180 g **water**
120 g **suiker**

---

600 g ijs
3 personen

96 kcal / 100g

🍫 **Tip**

Je kunt ook **bevroren aardbeien** gebruiken: die zijn erg lekker en het ijs is sneller gemaakt.

Mengen: 10 min
Afkoelen: -
Roeren: 30 min

Totaal **40 min**

Bereiding

1. Zet de zelfkoelende ijsmachine aan om het af te koelen; of zorg ervoor dat het koelelement al koud is.

2. Was de aardbeien goed en snijd ze in stukjes.

3. Giet de aardbeien, het water en de suiker in de mixer. Hak het mengsel goed en lang fijn, tot het glad en homogeen is en de aardbeien helemaal fijngehakt zijn.

   ☞ Voeg eventueel een snufje zout toe voor extra smaak.

   ☞ Als het mengsel niet koud is, laat het dan 30 minuten in de koelkast staan voordat je het in de ijsmachine giet.

4. Giet het mengsel in de ijsmachine die al draait, gekoeld en met de roerarm bewegend, door de opening op het deksel van de ijsmachine.

5. Na 10-15 minuten begint het mengsel in volume toe te nemen; na 30 minuten is het sorbetijs klaar.

Aardbeienijs

Fruitijs met melk

*De klassieke versie van aardbeienijs, romiger omdat het
melk en slagroom bevat. In dit en in de andere fruitijsjes
die we thuis maken, gebruiken we geen eidooiers*

Ingrediënten

220 g **melk**
220 g **aardbeien**
120 g **slagroom**
100 g **suiker**

---

660 g ijs
3 personen

155 kcal / 100g

Mengen: 10 min
Afkoelen: -
Roeren: 30-40 min

Totaal **50 min**

Bereiding

1. Zet de zelfkoelende ijsmachine aan om
   het af te koelen; of zorg ervoor dat het
   koelelement al koud is.

2. Was de aardbeien goed en snijd ze
   in stukjes.

3. Doe de melk, slagroom, aardbeien en
   suiker in de mixer. Hak het mengsel goed
   en lang fijn, tot het glad en homogeen is
   en de aardbeien helemaal fijngehakt zijn.

   ☞ Voeg eventueel een snufje zout toe
   voor extra smaak.

   ☞ Als het mengsel niet koud is, laat het
   dan 30 minuten in de koelkast staan
   voordat je het in de ijsmachine giet.

4. Giet het mengsel in de ijsmachine die al
   draait, gekoeld en met de roerarm
   bewegend, door de opening op het deksel
   van de ijsmachine.

5. Na 10-15 minuten begint het mengsel in
   volume toe te nemen; na 30-40 minuten is
   het ijs klaar.

alle italiana

Kersen sorbetijs

Recept zonder melk

Kersen in het Italiaans zijn «ciliegie». Kersen sorbetijs is een lente ijssmaak die je niet vaak in ijssalons tegenkomt, makkelijk te bereiden met bevroren kersen.

Ingrediënten

320 g **kersen**
200 g **water**
100 g **suiker**

---

620 g ijs
3 personen

97 kcal / 100g

Mengen: 10 min
Afkoelen: -
Roeren: 30 min

Totaal **40 min**

Bereiding

1. Zet de zelfkoelende ijsmachine aan om het af te koelen; of zorg ervoor dat het koelelement al koud is.

2. Was de kersen zorgvuldig, verwijder de pitjes en steeltjes.

3. Giet de kersen, het koude water en de suiker in de mixer. Hak het mengsel goed en lang fijn, tot het glad en homogeen is en de kersen helemaal fijngehakt zijn.

   ☞ Voeg eventueel een snufje zout toe voor extra smaak.

4. Giet het mengsel in de ijsmachine die al draait, gekoeld en met de roerarm bewegend, door de opening op het deksel van de ijsmachine.

5. Na 10-15 minuten begint het mengsel in volume toe te nemen; na 30 minuten is het sorbetijs klaar.

   ☞ Zet het ijs 30 minuten in de vriezer om het compacter te serveren.

alle italiaanse

Kersenijs

Fruitijs met melk

De romige versie van ijs met kersen, met melk en slagroom.
In het Italiaans «gelato alla ciliegia» genoemd.

Ingrediënten

220 g **kersen**
200 g **melk**
130 g **slagroom**
90 g **suiker**

---

640 g ijs
3 personen

167 kcal / 100g

Mengen: 10 min
Afkoelen: -
Roeren: 30-40 min

Totaal **50 min**

Bereiding

1. Zet de zelfkoelende ijsmachine aan om het af te koelen; of zorg ervoor dat het koelelement al koud is.

2. Was de kersen zorgvuldig, verwijder de pitjes en steeltjes.

3. Giet de melk, slagroom, kersen en suiker in de mixer. Hak het mengsel goed en lang fijn, tot het glad en homogeen is en de kersen helemaal fijngehakt zijn.

   ☞ Voeg eventueel een snufje zout toe voor extra smaak.

   ☞ Start indien nodig de timer van de ijsmachine opnieuw.

4. Giet het mengsel in de ijsmachine die al draait, gekoeld en met de roerarm bewegend, door de opening op het deksel van de ijsmachine.

5. Na 10-15 minuten begint het mengsel in volume toe te nemen; na 30-40 minuten is het ijs klaar.

   ☞ Zet het ijs 30 minuten in de vriezer om het compacter te serveren.

Amarena ijs

Recept zonder ei

Een klassieke en zeer populaire smaak in Italië. Het is een wit melkijs dat we variëren met een kersencoulis, meestal meestal gemengd met hele kersen

Ingrediënten

340 g **melk**
170 g **slagroom**
100 g **suiker**

Coulis van kersen:
200 g **kersen**
50 g **suiker**
2 eetlepels
citroensap

~ 800 g ijs
3 personen

180 kcal / 100g

Mengen: 10 min
Afkoelen: 20 uur
Roeren: 30-40 min

Totaal **1 uur 10 min**

Bereiding

1. **Coulis**
   Was de kersen zorgvuldig, verwijder de pitjes en steeltiojes. Doe ze in een steelpan met de suiker en het citroensap. Mix met een staafmixer tot een gladde mengsel.

2. Blijf roeren en verwarm de coulis goed zonder het aan de kook te brengen. Als het warm is, zet het vuur uit en laat het een paar minuten rusten.

3. Laat de coulis 20 minuten afkoelen en zet het dan in de vriezer terwijl je het ijs bereidt. De coulis moet koud maar niet bevroren zijn als je het in de ijsmachine giet.

4. **Ijs**
   Zet de zelfkoelende ijsmachine aan om het af te koelen; of zorg ervoor dat het koelelement al koud is.

5. Giet in een mengkom de koude slagroom en melk, vervolgens de suiker, en mix met een staafmixer tot een gladde mengsel.

6. Giet het mengsel in de ijsmachine die al draait, gekoeld en met de roerarm

bewegend, door de opening op het deksel van de ijsmachine.

☞ Start indien nodig de timer van de ijsmachine opnieuw

7. Na 15-20 minuten begint het mengsel in volume toe te nemen; na 30-40 minuten is het ijs klaar.

8. **IJs variëren**

   Als het ijs klaar is en de roerarm van de ijsmachine nog beweegt, voeg de coulis toe via de opening in het deksel van de ijsmachine.

   Laat de roerarm nog 8-10 keer draaien en stop dan de ijsmachine. Zo wordt het ijs gekleurd met de tinten van de coulis van kersen.

   ☞ Zet het ijs 30 minuten in de vriezer om het compacter te serveren.

lle italiaanse

Mango sorbetijs

Recept zonder melk

Mango sorbetijs verschilt van mango ijs omdat het geen melk bevat en de mangosmaak sterker is. Optioneel maken we het als «stracciatella», waarbij we chocoladevlokken toevoegen als de sorbet bijna klaar is.

Ingrediënten

310 g **mango**
210 g **water**
110 g **suiker**

---

630 g ijs
3 personen

99 kcal / 100g

🍫 **Optioneel**
30 g **vlokken chocolade** voor mango-stracciatella

Mengen: 10 min
Afkoelen: -
Roeren: 30 min

Totaal **40 min**

Bereiding

1. Zet de zelfkoelende ijsmachine aan om het af te koelen; of zorg ervoor dat het koelelement al koud is.

2. Schil en snijd de mango in kleine stukjes.

3. Giet de mango, het koude water en de suiker in de mixer. Hak het mengsel goed en lang fijn, tot het glad en homogeen is en de mango helemaal fijngehakt zijn.

   ☞ Voeg eventueel een snufje zout toe voor extra smaak.

4. Giet het mengsel in de ijsmachine die al draait, gekoeld en met de roerarm bewegend, door de opening op het deksel van de ijsmachine.

5. **Optionele chocoladeschilfers**

   Hak de chocolade in dunne vlokken met een rasp of een mes; bewaar ze koud in de koelkast.

Voeg een minuut voordat het ijs klaar is, terwijl de roerarm nog steeds beweegt, de chocoladestukjes toe via de opening in het deksel van de ijsmachine.

6. Na 10-15 minuten begint het mengsel in volume toe te nemen; na 30 minuten is het sorbetijs klaar.

7. ☞ Zet het sorbetijs 30 minuten in de vriezer voor het serveren voor een harder en compacter ijs.

Mango ijs

Fruitijs met melk

De romige versie van ijs met mango, met melk en slagroom. In het Italiaans «gelato al mango» genoemd.

Ingrediënten

220 g **mango pulp**
190 g **melk**
130 g **slagroom**
90 g **suiker**

---

630 g ijs
3 personen

168 kcal / 100g

Mengen: 10 min
Afkoelen: -
Roeren: 30-40 min

Totaal **50 min**

Bereiding

1. Zet de zelfkoelende ijsmachine aan om het af te koelen; of zorg ervoor dat het koelelement al koud is.

2. Schil en snijd de mango in kleine stukjes.

3. Doe de melk, slagroom, mangostukjes en suiker in de mixer. Hak het mengsel goed en lang fijn, tot het glad en homogeen is en de mango helemaal fijngehakt is.

4. Giet het mengsel in de ijsmachine die al draait, gekoeld en met de roerarm bewegend, door de opening op het deksel van de ijsmachine.
   ☞ Start indien nodig de timer van de ijsmachine opnieuw.

5. Na 10-15 minuten begint het mengsel in volume toe te nemen; na 30-40 minuten is het ijs klaar.
   ☞ Zet het ijs 30 minuten in de vriezer voor het serveren voor een harder en compacter ijs.

alle italianise

Kiwi sorbetijs

Recept zonder melk

We bereiden het kiwi sorbetijs met een stukje banaan,
dat dient om de zuurgraad van de kiwi te dempen en het
sorbetijs romiger te maken.

Ingrediënten

300 g **kiwi**
180 g **water**
120 g **suiker**
50 g **banaan**

---

650 g ijs
3 personen

112 kcal / 100g

Mengen: 10 min
Afkoelen: -
Roeren: 30 min

Totaal **40 min**

Bereiding

1. Zet de zelfkoelende ijsmachine aan om het af te koelen; of zorg ervoor dat het koelelement al koud is.

2. Schil en snijd de kiwi en banaan in kleine stukjes.

3. Giet het koude water, de kiwi, de banaan en de suiker in de mixer. Hak het mengsel goed en lang fijn, tot het glad en homogeen is en het fruit helemaal fijngehakt zijn.

   ☞ Voeg eventueel een snufje zout toe voor extra smaak.

4. Giet het mengsel in de ijsmachine die al draait, gekoeld en met de roerarm bewegend, door de opening op het deksel van de ijsmachine.

5. Na 10-15 minuten begint het mengsel in volume toe te nemen; na 30 minuten is het sorbetijs klaar.

   ☞ Zet het 30 minuten in de vriezer voor het serveren voor een harder en compacter ijs.

Bananenijs

Fruitijs met melk

Een zacht en romig bananenijs met melk en slagroom,
«gelato alla banana» in het Italiaans.

Ingrediënten

230 g **bananen**
180 g **melk**
140 g **slagroom**
80 g **suiker**

---

630 g ijs
3 personen

177 kcal / 100g

Mengen: 10 min
Afkoelen: -
Roeren: 30-40 min

Totaal **50 min**

Bereiding

1. Zet de zelfkoelende ijsmachine aan om het af te koelen; of zorg ervoor dat het koelelement al koud is.

2. Schil en snijd de bananen in kleine stukjes.

3. Giet in een mengkom de melk en slagroom, vervolgens de suiker en de stukjes banaan, en mix met een staafmixer tot de suiker volledig is opgelost en de bananen helemaal fijngehakt zijn.

   ☞ Voeg eventueel een snufje zout toe voor extra smaak.

   ☞ Meng met een lepel enkele seconden om het schuim op te lossen.

4. Giet het mengsel in de ijsmachine die al draait, gekoeld en met de roerarm bewegend, door de opening op het deksel van de ijsmachine.

5. Na 10-15 minuten begint het mengsel in volume toe te nemen; na 30-40 minuten is het ijs klaar.

   ☞ Zet het ijs 30 minuten in de vriezer voor het serveren voor een harder en compacter ijs.

alle italiaanse

Frambozen sorbetijs

Recept zonder melk

*Het klassieke frambozenijs van de ijssalon, dat wij
maken zonder melk en dus als sorbetijs. De banaan dient
om hem zachter te maken, qua textuur en smaak*

Ingrediënten

250 g **frambozen**
75 g **bananen**
215 g **water**
110 g **suiker**

---

650 g ijs
3 personen

98 kcal / 100g

Mengen: 10 min
Afkoelen: -
Roeren: 30 min

Totaal **40 min**

Bereiding

1. Zet de zelfkoelende ijsmachine aan om het af te koelen; of zorg ervoor dat het koelelement al koud is.

2. Was en droog de frambozen; schil en snijd de bananen in stukjes.

3. Giet de frambozen, de stukjes banaan, het koude water en de suiker in de mixer. Hak het mengsel goed en lang fijn, tot het glad en homogeen is.

   ☞ Voeg eventueel een snufje zout toe voor extra smaak.

4. Giet het mengsel in de ijsmachine die al draait, gekoeld en met de roerarm bewegend, door de opening op het deksel van de ijsmachine.

5. Na 10-15 minuten begint het mengsel in volume toe te nemen; na 30 minuten is het sorbetijs klaar.

   ☞ In de vriezer bewaard, heeft zuivelvrij ijs de neiging harder te worden. Om het weer zacht te maken, ontdooi het een half uur in de koelkast.

alle italiaanse

Frambozenijs

Fruitijs met melk

De romige versie van ijs met frambozen, met melk en slagroom. Het van melk en frambozenmengsel krijgt een felroze kleur. In het Italiaans «gelato ai lamponi» genoemd.

Ingrediënten

250 g **frambozen**
180 g **melk**
120 g **slagroom**
100 g **suiker**

---

650 g ijs
3 personen

162 kcal / 100g

Mengen: 10 min
Afkoelen: -
Roeren: 30-40 min

Totaal **50 min**

Bereiding

1. Zet de zelfkoelende ijsmachine aan om het af te koelen; of zorg ervoor dat het koelelement al koud is.

2. Was en droog de frambozen.

3. Giet in een mengkom de melk en slagroom, vervolgens de suiker en de frambozen, en mix met een staafmixer tot de suiker volledig is opgelost.

   ☞ Voeg eventueel een snufje zout toe voor extra smaak.

   ☞ Meng met een lepel enkele seconden om het schuim op te lossen.

4. Giet het mengsel in de ijsmachine die al draait, gekoeld en met de roerarm bewegend, door de opening op het deksel van de ijsmachine.

5. Na 10-15 minuten begint het mengsel in volume toe te nemen; na 30-40 minuten is het ijs klaar.

   ☞ Zet het 30 minuten in de vriezer voor het serveren voor een harder en compacter ijs.

Wortel-appel-gember sorbetijs

Recept zonder melk

Een alternatieve combinatie van ingrediënten voor een frisse en pittige sorbet

Ingrediënten

160 g **wortel**
160 g **appel**
20 g **gember**
210 g **water**
120 g **suiker**

---

670 g ijs
3 personen

96 kcal / 100g

Mengen: 10 min
Afkoelen: -
Roeren: 30 min

Totaal **40 min**

Bereiding

1. Zet de zelfkoelende ijsmachine aan om het af te koelen; of zorg ervoor dat het koelelement al koud is.

2. Schil de wortels, gember, appels en snijd ze in plakjes.

3. Doe alles in de blender en voeg water en suiker toe. Hak het mengsel goed en lang fijn, tot het glad en homogeen is.

   ☞ Voeg eventueel een snufje zout toe voor extra smaak.

4. Giet het mengsel in de ijsmachine die al draait, gekoeld en met de roerarm bewegend, door de opening op het deksel van de ijsmachine.

5. Na 10-15 minuten begint het mengsel in volume toe te nemen; na 30 minuten is het sorbetijs klaar.

   ☞ In de vriezer bewaard, heeft zuivelvrij ijs de neiging harder te worden. Om het weer zacht te maken, ontdooi het een half uur in de koelkast.

Avocado appel kiwi ijs

Vegan ijs recept

We gebruiken avocado om vegan ijs te maken, veel romiger dan een gewone sorbetijs. Avocado verzacht ook de scherpe smaak van appel en kiwi

Ingrediënten

190 g **avocado**

70 g **appel**

70 g **kiwi**

220 g **water**

90 g **suiker**

---

640 g ijs

3 personen

117 kcal / 100g

Mengen: 10 min

Afkoelen: -

Roeren: 30-40 min

Totaal **50 min**

Bereiding

1. Zet de zelfkoelende ijsmachine aan om het af te koelen; of zorg ervoor dat het koelelement al koud is.

2. Schil de avocado, kiwi en appel.

3. Doe de stukjes fruit, het koude water en de suiker in de mixer. Hak het mengsel goed en lang fijn, tot het glad en homogeen is.

   ☞ Voeg eventueel een snufje zout toe voor extra smaak.

4. Giet het mengsel in de ijsmachine die al draait, gekoeld en met de roerarm bewegend, door de opening op het deksel van de ijsmachine.

5. Na 10-15 minuten begint het mengsel in volume toe te nemen; na 30-40 minuten is het ijs klaar.

   ☞ In de vriezer bewaard, heeft zuivelvrij ijs de neiging harder te worden. Om het weer zacht te maken, ontdooi het een half uur in de koelkast.

Passievrucht ijs

Recept met melk zonder ei

*Een fruitijsje met en een uitzonderlijke smaak. Als je
vers fruit gebruikt, heb je wat nodig: het vruchtvlees van
een passievrucht weegt ongeveer 40 g. Wij maken het
romig met melk en slagroom*

Ingrediënten

220 g **passievruchtpulp**
190 g **melk**
130 g **slagroom**
90 g **suiker**

---

630 g ijs
3 personen

180 kcal / 100g

Mengen: 10 min
Afkoelen: -
Roeren: 30-40 min

Totaal **50 min**

Bereiding

1. Zet de zelfkoelende ijsmachine aan om het af te koelen; of zorg ervoor dat het koelelement al koud is.

2. Open de passievruchten, haal er alleen het vruchtvlees uit en doe het in een kom.

3. Giet in een mengkom de koude slagroom en melk, vervolgens de passievruchtpulp en suiker, en mix met een staafmixer tot een gladde mengsel.

   ☞ Voeg eventueel een snufje zout toe voor extra smaak.

4. Giet het mengsel in de ijsmachine die al draait, gekoeld en met de roerarm bewegend, door de opening op het deksel van de ijsmachine.

5. Na 10-15 minuten begint het mengsel in volume toe te nemen; na 30-40 minuten is het ijs klaar.

   ☞ Zet het ijs 30 minuten in de vriezer voor het serveren voor een harder en compacter ijs.

Spritz ijs

*Een originele ijssmaak die we bereiden als sorbetijs, zonder
melk, om de smaak van Aperol en Prosecco te versterken. We
voegen ook een eiwit toe om het ijs zacht en romig te maken.*

Ingrediënten

200 g **water**

200 g **suiker**

35 g **eiwit**

½ **sinaasappel schil**

Spritz:

99 g **Prosecco**

33 g **water**

66 g **Aperol**

---

635 g ijs

3 personen

155 kcal / 100g

○ **Tip**

Wij gebruiken
vloeibaar eiwit,
reeds gepasteuriseerd.

Mengen: 15 min

Afkoelen: 45 min

Roeren: 30 min

Totaal **1 uur 30 min**

Bereiding

1. Giet het water en de suiker in een
   steelpan, meng op laag vuur tot het kookt.
   Voeg de geraspte schil van een halve
   sinaasappel toe en kook een paar minuten.

   ☞ Gebruik alleen sinaasappels met een
   eetbare en onbehandelde schil: dit staat op
   de verpakking vermeld.

2. Haal vervolgens de pan van het vuur en
   laat een 20 minuten afkoelen op
   kamertemperatuur en daarna nog eens 20
   minuten in de koelkast.

3. Bereid de Spritz voor: voeg Prosecco,
   water en tot slot Aperol toe en meng goed.
   Zet de Spritz samen met de suikersiroop in
   de koelkast om af te koelen.

4. Zet de zelfkoelende ijsmachine aan om
   het af te koelen; of zorg ervoor dat het
   koelelement al koud is.

5. Giet de koude suikersiroop en de Spritz in
   een mengkom en voeg het eiwit toe. Mix
   met een staafmixer tot een gladde
   mengsel.

alle italiaanse

☞ Als het mengsel niet koud is, laat het dan 30 minuten in de koelkast staan voordat je het in de ijsmachine giet.

6. Giet het mengsel in de ijsmachine die al draait, gekoeld en met de roerarm bewegend, door de opening op het deksel van de ijsmachine.

7. Na 10-15 minuten begint het mengsel in volume toe te nemen; na 30 minuten is het ijs klaar.

alle

Limoncello ijs

Recept met ei

Alcohol als ingrediënt in ijs moet correct worden gemeten, omdat het tegen bevriezing is en suiker bevat. We maken een heel romig gelato, met limoncello en eetbare citroenschil gearomatiseerd.

Ingrediënten

330 g **melk**
120 g **slagroom**
95 g **suiker**
30 g **limoncello**
3 **eidooiers** (45 g)
Schil van 3 **citroenen**

---

620 g ijs
3 personen

200 kcal / 100g

Mengen: 10 min
Afkoelen: 1 uur 30 min
Roeren: 30-40 min

Totaal **2 uur 20 min**

Bereiding

1. Scheid de dooiers van het wit en doe ze in een steelpan.

2. Voeg de suiker, slagroom en melk toe en mix met een staafmixer tot een romig en glad mengsel.

3. Verwarm het mengsel in de steelpan op zeer laag vuur en blijf roeren met een houten lepel.

4. Voeg nu de citroenschil toe, die het aroma vrijgeven als het mengsel opwarmt.

   ☞ Gebruik alleen citroenen met een eetbare en onbehandelde schil: dit staat op de verpakking vermeld.

5. Roer het zeer hete maar niet kokende mengsel gedurende 1-2 minuten.

   ☞ Het mengsel moet ongeveer 83 °C bereiken; bij een hogere temperatuur maakt het ei klontjes.

6. Laat het mengsel eerst 1 uur afkoelen op kamertemperatuur en vervolgens 30' in de koelkast.

alle italiaanse

7. Zet de zelfkoelende ijsmachine aan om het af te koelen; of zorg ervoor dat het koelelement al koud is.

8. Haal het koude mengsel uit de koelkast, verwijder de citroenschil en weeg het. Als het minder weegt dan in het begin (melk + slagroom + suiker + dooiers = 590 g), is er waarschijnlijk wat water verdampt. Voeg vervolgens koud water toe om het terug te brengen naar 590 g.

9. Voeg de limoncello toe en mix alles met de staafmixer.

10. Giet het mengsel in de ijsmachine die al draait, gekoeld en met de roerarm bewegend, door de opening op het deksel van de ijsmachine.

11. Na 15-20 minuten begint het mengsel in volume toe te nemen; na 30-40 minuten is het ijs klaar.

☞ Zet het ijs 30 minuten in de vriezer om het compacter te serveren.

Chocolate chip cookies ijs

Recept zonder ei

De klassieke 'cookies' ijssmaak van Italiaanse ijssalons,
verrijkt met verkruimelde koekjes

Ingrediënten

340 g **melk**

170 g **slagroom**

120 g **chocolate**
chips cookies

60 g **suiker**

---

680 g ijs

3 personen

235 kcal / 100g

Mengen: 10 min

Afkoelen: -

Roeren: 30-40 min

Totaal **50 min**

Bereiding

1. Zet de zelfkoelende ijsmachine aan om het af te koelen; of zorg ervoor dat het koelelement al koud is.

2. Doe de koekjes in een blender en hak ze fijn, zoals zand.

3. Doe 80 g koekjes in een blender en hak ze fijn. Verkruimel de resterende 40 g met een mes en doe ze in een kom.

4. Giet in een mengkom de koude slagroom en melk, vervolgens de gehakte koekjes en de suiker, en mix met een staafmixer tot een gladde mengsel.

    ☞ Meng met een lepel enkele seconden om het schuim op te lossen.

    ☞ Voeg eventueel een snufje zout toe voor extra smaak.

5. Giet het mengsel in de ijsmachine die al draait, gekoeld en met de roerarm bewegend, door de opening op het deksel van de ijsmachine.

6. Na 15-20 minuten begint het mengsel in volume toe te nemen; na 30-40 minuten is het ijs klaar.

7. **Verkruimelde** *cookies*

   Voeg een minuut voordat het ijs klaar is, terwijl de roerarm nog steeds beweegt, de verkruimelde koekjes toe via de opening in het deksel van de ijsmachine.

   ☞ Als alternatief kun je de verkruimelde koekjes toevoegen nadat je het ijs uit de ijsmachine heeft gehaald. Meng langzaam en plaats het ijs in de vriezer om te laten stollen.

Amaretti koekjes ijs

Recept zonder ei

Net als de Amaretto-likeur zijn de Amaretti-koekjes afkomstig uit de stad Saronno, in regio Lombardije. De Italiaanse amandelkoekjes met hun typisch licht bittere smaak lenen zich uitstekend voor een romig ijs, snel gemaakt zonder ei.

Ingrediënten

340 g **melk**
170 g **slagroom**
60 g **amaretti koekjes**
60 g **suiker**

---

630 g ijs
3 personen

207 kcal / 100g

Mengen: 10 min
Afkoelen: -
Roeren: 30-40 min

Totaal **50 min**

Bereiding

1. Zet de zelfkoelende ijsmachine aan om het af te koelen; of zorg ervoor dat het koelelement al koud is.

2. Doe de amaretti koekjes in een blender en hak ze fijn, zoals zand.

3. Giet in een mengkom de koude slagroom en melk, vervolgens de gehakte amaretti en de suiker, en mix met een staafmixer tot een gladde mengsel.

   ☞ Meng met een lepel enkele seconden om het schuim op te lossen.

   ☞ Voeg eventueel een snufje zout toe voor extra smaak.

4. Giet het mengsel in de ijsmachine die al draait, gekoeld en met de roerarm bewegend, door de opening op het deksel van de ijsmachine.

5. Na 15-20 minuten begint het mengsel in volume toe te nemen; na 30-40 minuten is het ijs klaar.

Stroopwafel ijs

Recept met ei

Een ijssmaak met typisch Nederlandse koekjes. Wij
bereiden het met ei voor een extra romig ijsje.

Ingrediënten	Bereiding

Ingrediënten

350 g **melk**
100 g **slagroom**
80 g **stroopwafels**
70 g **suiker**
1 **eidooier** (15 g)

---

620 g ijs
3 personen

206 kcal / 100g

Mengen: 10 min
Afkoelen: 1 uur 30
min
Roeren: 30-40 min

Totaal **2 uur 20 min**

Bereiding

1. Scheid de dooier van het wit en doe het in een steelpan.

2. Voeg de slagroom, melk en suiker toe en mix met een staafmixer tot een romig en glad mengsel.

3. Verwarm het mengsel in de steelpan op zeer laag vuur en blijf roeren met een houten lepel.

4. Roer het zeer hete maar niet kokende mengsel gedurende 1-2 minuten.

   ☞ Het mengsel moet ongeveer 83 °C bereiken; bij een hogere temperatuur maakt het ei klontjes.

5. Laat het mengsel eerst 1 uur afkoelen op kamertemperatuur en vervolgens 30' in de koelkast.

6. Hak de stroopwafels zo fijn mogelijk met de mixer, als een poeder.

7. Zet de zelfkoelende ijsmachine aan om het af te koelen; of zorg ervoor dat het koelelement al koud is.

8. Haal het koude mengsel uit de koelkast en weeg het. Als het minder weegt dan in het begin (melk + slagroom + suiker + dooiers = 535 g), is er waarschijnlijk wat water verdampt. Voeg vervolgens koud water toe om het terug te brengen naar 535 g.

9. Voeg de fijngehakte stroopwafels toe en mix alles met de staafmixer.

10. Giet het mengsel in de ijsmachine die al draait, gekoeld en met de roerarm bewegend, door de opening op het deksel van de ijsmachine.

11. Na 15-20 minuten begint het mengsel in volume toe te nemen; na 30-40 minuten is het ijs klaar.

    ☞ Zet het ijs 30 minuten in de vriezer om het compacter te serveren.

alle italiaanse

Speculaasijs

Recept met ei

Koekjes ijs is een van de populairste roomsmaken in de ijssalon.
We doen het met speculaasjes, gearomatiseerd met kaneel.

Ingrediënten

330 g **melk**
110 g **slagroom**
95 g **suiker**
60 g **speculaasjes**
1 **eidooier** (15 g)
3 **kaneelstokjes**

---

610 g ijs
3 personen

207 kcal / 100g

Mengen: 10 min
Afkoelen: 1 uur 30 min
Roeren: 30-40 min

Totaal **2 uur 20 min**

Bereiding

1. Scheid de dooiers van het wit en doe ze in een steelpan.

2. Voeg de slagroom, melk, suiker en honing toe en mix met een staafmixer tot een romig en glad mengsel.

3. Verwarm het mengsel in de steelpan op zeer laag vuur en blijf roeren met een houten lepel.

4. Voeg nu de kaneelstokjes toe, die het aroma vrijgeven als het mengsel opwarmt.

5. Roer het zeer hete maar niet kokende mengsel gedurende 1-2 minuten.

   ☞ Het mengsel moet ongeveer 83 °C bereiken; bij een hogere temperatuur maakt het ei klontjes.

6. Laat het mengsel eerst 1 uur afkoelen op kamertemperatuur en vervolgens 30' in de koelkast.

7. Hak de speculaasjes zo fijn mogelijk met de mixer.

8. Zet de zelfkoelende ijsmachine aan om het af te koelen; of zorg ervoor dat het koelelement al koud is.

9. Haal het koude mengsel uit de koelkast, verwijder de kaneelstokjes en weeg het. Als het minder weegt dan in het begin (melk + slagroom + suiker + dooiers = 550 g), is er waarschijnlijk wat water verdampt. Voeg vervolgens koud water toe om het terug te brengen naar 550 g.

10. Voeg de fijngehakte speculaasjes toe en mix alles met de staafmixer.

11. Giet het mengsel in de ijsmachine die al draait, gekoeld en met de roerarm bewegend, door de opening op het deksel van de ijsmachine.

12. Na 15-20 minuten begint het mengsel in volume toe te nemen; na 30-40 minuten is het ijs klaar.

☞ Zet het ijs 30 minuten in de vriezer om het compacter te serveren.

Sandwich cookies ijs

Recept zonder ei

Een wit vanille-ijs verrijkt met verkruimelde stukjes
van het beroemde Amerikaanse koekje

Ingrediënten

340 g **melk**
170 g **slagroom**
92 g **suiker**
8 g **vanille suiker**
80 g **sandwich koekjes**

---

690 g ijs
3 personen

230 kcal / 100g

⦿ **Eén sandwich koekje** weegt ongeveer 11 g

Mengen: 10 min
Afkoelen: -
Roeren: 30-40 min

Totaal **50 min**

Bereiding

1. Zet de zelfkoelende ijsmachine aan om het af te koelen; of zorg ervoor dat het koelelement al koud is.

2. Verkruimel alle *sandwich cookies* met een mes en doe ze in een kom.

3. Giet in een mengkom de koude slagroom en melk, vervolgens de gehakte koekjes en de suiker, en mix met een staafmixer tot een gladde mengsel.

   ☞ Meng met een lepel enkele seconden om het schuim op te lossen.

4. Giet het mengsel in de ijsmachine die al draait, gekoeld en met de roerarm bewegend, door de opening op het deksel van de ijsmachine.

5. Na 15-20 minuten begint het mengsel in volume toe te nemen; na 30-40 minuten is het ijs klaar.

6. **Verkruimelde sandwich koekjes**
   Voeg een minuut voordat het ijs klaar is, terwijl de roerarm nog steeds beweegt, de verkruimelde koekjes toe via de opening in het deksel van de ijsmachine.

☞ Als alternatief kun je de verkruimelde koekjes toevoegen nadat je het ijs uit de ijsmachine heeft gehaald. Meng langzaam en plaats het ijs in de vriezer om te laten stollen.

Hazelnootpasta biscuits ijs

Recept zonder ei

Een "overdreven" ijs, gemaakt met koekjes zoals die van het populaire Italiaanse merk, gemaaktmet hazelnoot en chocolade pasta

Ingrediënten

450 g **melk**

105 g **hazelnootpasta biscuits**

70 g **slagroom**

70 g **suiker**

---

695 g ijs

3 personen

196 kcal / 100g

⬤ **Eén** *biscuit* weegt ongeveer 14 g

Mengen: 10 min

Afkoelen: -

Roeren: 30-40 min

Totaal **50 min**

Bereiding

1. Zet de zelfkoelende ijsmachine aan om het af te koelen; of zorg ervoor dat het koelelement al koud is.

2. Doe 60 g hazelnoot pasta *biscuits* in een blender en hak ze fijn. Verkruimel de resterende 45 g met een mes en doe ze in een kom.

3. Giet in een mengkom de koude slagroom en melk, vervolgens de gehakte koekjes en de suiker, en mix met een staafmixer tot een gladde mengsel.

   ☞ Meng met een lepel enkele seconden om het schuim op te lossen.

4. Giet het mengsel in de ijsmachine die al draait, gekoeld en met de roerarm bewegend, door de opening op het deksel van de ijsmachine.

5. Na 15-20 minuten begint het mengsel in volume toe te nemen; na 30-40 minuten is het ijs klaar.

6. **Verkruimelde** *biscuits*
   Voeg een minuut voordat het ijs klaar is, terwijl de roerarm nog steeds beweegt, de

verkruimelde koekjes toe via de opening in het deksel van de ijsmachine.

☞ Als alternatief kun je de verkruimelde koekjes toevoegen nadat je het ijs uit de ijsmachine heeft gehaald. Meng langzaam en plaats het ijs in de vriezer om te laten stollen.

Strawberry cheesecake ijs

Recept zonder ei

Voor deze speciale ijssmaak bereiden we eerst een coulis van aardbeien die we aan het ijs toevoegen om het te variëren.

Ingrediënten

300 g **melk**
160 g **suiker**
110 g **Philadelphia**
110 g **slagroom**

Coulis van aardbeien:
200 g **aardbeien**
50 g **suiker**
2 eetlepels
citroensap

---

680 g ijs
3 personen

215 kcal / 100g

Mengen: 10 min
Afkoelen: 20 uur
Roeren: 30-40 min

Totaal **1 uur 10 min**

Bereiding

1. Was en snijd de aardbeien in stukjes. Doe ze in een steelpan met de suiker en het citroensap. Mix met een staafmixer tot een gladde mengsel.

2. Blijf roeren en verwarm de coulis goed zonder het aan de kook te brengen. Als het warm is, zet het vuur uit en laat het een paar minuten rusten.

3. Laat de coulis 20 minuten afkoelen en zet het dan in de vriezer terwijl je het ijs bereidt. De coulis moet koud maar niet bevroren zijn als je het in de ijsmachine giet.

4. Zet de zelfkoelende ijsmachine aan om het af te koelen; of zorg ervoor dat het koelelement al koud is.

5. Giet in een mengkom de koude slagroom en melk, vervolgens de Philadelphia en de suiker, en mix met een staafmixer tot een gladde mengsel.

   ☞ Meng met een lepel enkele seconden om het schuim op te lossen.

6. Giet het mengsel in de ijsmachine die al draait, gekoeld en met de roerarm bewegend, door de opening op het deksel van de ijsmachine.

7. Na 15-20 minuten begint het mengsel in volume toe te nemen; na 30-40 minuten is het ijs klaar.

IJs variëren

8. Als het ijs klaar is en de roerarm van de ijsmachine nog beweegt, voeg de coulis toe via de opening in het deksel van de ijsmachine.

Laat de arm nog 8-10 keer draaien en stop dan de ijsmachine. Zo wordt het ijs gekleurd met de tinten van de coulis van aardbeien.

☞ Zet het ijs 30 minuten in de vriezer om het compacter te serveren.

alle

Apfelstrudel ijs

Recept met ei

Apfelstrudel is een traditioneel dessert in mijn regio, Trentino.
Het recept van mijn familie is heerlijk en ik maak er ijs mee.
Met gekookte appels, pijnboompitten, rozijnen en kaneelsmaak.

Ingrediënten

350 g **melk**
200 g **gekookte appels**
30 g *Digestive* **koekjes**
120 g **slagroom**
105 g **suiker**
3 **eidooiers** (45 g)
5 **kaneelstokjes**
30 g **pijnboompitten**
30 g **rozijnen**

~ 900 g ijs
4 personen

174 kcal / 100g

Bereiden: 30 min
Afkoelen: 1 uur 30 min
Roeren: 30-40 min

Totaal **2 uur 40 min**

Bereiding

1. Scheid de dooiers van het wit en doe ze in een steelpan.

2. Voeg de slagroom, melk en suiker toe en mix met een staafmixer tot een romig en glad mengsel.

3. Voeg de kaneelstokjes toe, dan verwarm het mengsel in de steelpan op zeer laag vuur en blijf roeren met een houten lepel.

4. Roer het zeer hete maar niet kokende mengsel gedurende 1-2 minuten.

   ☞ Het mengsel moet ongeveer 83 °C bereiken; bij een hogere temperatuur maakt het ei klontjes.

5. Laat het mengsel eerst 1 uur afkoelen op kamertemperatuur en vervolgens 30' in de koelkast.

6. Schil ruim 200 gram appels, snijd ze in kleine stukjes en zet ze 20 minuten in de oven op 180°C. Als de appels gaar zijn, haal ze dan uit de oven en laat ze volledig afkoelen.

alle italiaanse

7. Zet de zelfkoelende ijsmachine aan om het af te koelen; of zorg ervoor dat het koelelement al koud is.

8. Haal het koude mengsel uit de koelkast, verwijder de kaneelstokjes en weeg het. Als het minder weegt dan in het begin (melk + slagroom + suiker + dooiers = 625 g), is er waarschijnlijk wat water verdampt.
   Voeg vervolgens koud water toe om het terug te brengen naar 625 g.

9. Voeg de stukjes gekookte appel en de verkruimelde *Digestive* koekjes toe; mix alles met de staafmixer.

10. Giet het mengsel in de ijsmachine die al draait, gekoeld en met de roerarm bewegend, door de opening op het deksel van de ijsmachine.

11. Na 15-20 minuten begint het mengsel in volume toe te nemen; na 30-40 minuten is het ijs klaar.

Rozijnen en pijnboompitten

12. Voeg een minuut voordat het ijs klaar is, terwijl de roerarm nog steeds beweegt, de rozijnen en de pijnboompitten toe via de opening in het deksel van de ijsmachine.
    ☞ Zet het ijs 30 minuten in de vriezer om het compacter te serveren.

Worteltaart ijs

Recept met ei

*Die met wortelen is een van mijn favoriete taarten en ik heb
er ijs van gemaakt, met amandelen en digestive koekjes.*

Ingrediënten

310 g **melk**

290 g **wortelen**

25 g **amandelen**

35 g *digestive*
koekjes

80 g **slagroom**

105 g **suiker**

3 **eidooiers** (45 g)

~ 900 g ijs

4 personen

168 kcal / 100g

Mengen: 10 min

Afkoelen: 1 uur 30
min

Roeren: 30-40 min

Totaal **2 uur 20 min**

Bereiding

1. Scheid de dooiers van het wit en doe ze in
   een steelpan.

2. Voeg de slagroom, melk en suiker toe en
   mix met een staafmixer tot een romig en
   glad mengsel.

3. Verwarm het mengsel in de steelpan op
   zeer laag vuur en blijf roeren met een
   houten lepel.

4. Roer het zeer hete maar niet kokende
   mengsel gedurende 1-2 minuten.

   ☞ Het mengsel moet ongeveer 83 °C
   bereiken; bij een hogere temperatuur
   maakt het ei klontjes.

5. Laat het mengsel eerst 1 uur afkoelen op
   kamertemperatuur en vervolgens 30' in
   de koelkast.

6. Verwijder het vel van de amandelen:
   dompel ze een paar minuten in kokend
   water, waarna het vel gemakkelijk loslaat.

7. Schil de wortels, doe ze samen met de
   amandelen in een blender en hak alles
   fijn.

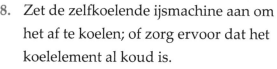

8. Zet de zelfkoelende ijsmachine aan om het af te koelen; of zorg ervoor dat het koelelement al koud is.

9. Haal het koude mengsel uit de koelkast en weeg het. Als het minder weegt dan in het begin (melk + slagroom + suiker + dooiers = 540 g), is er waarschijnlijk wat water verdampt.
Voeg vervolgens koud water toe om het terug te brengen naar 540 g.

10. Voeg de gehakte wortelen en amandelen, en de verkruimelde *digestive* koekjes toe; mix alles met de staafmixer.

11. Giet het mengsel in de ijsmachine die al draait, gekoeld en met de roerarm bewegend, door de opening op het deksel van de ijsmachine.

12. Na 15-20 minuten begint het mengsel in volume toe te nemen; na 30-40 minuten is het ijs klaar.
☞ Zet het ijs 30 minuten in de vriezer om het compacter te serveren.

alle italiaanse

Tiramisù ijs

Recept met ei

Tiramisù, het beroemde Italiaanse dessert met mascarpone betekent letterlijk «trek me op». We maken er een ijsje van en serveren dat met cacaopoeder, op in koffie gedrenkte lange vingers.

Ingrediënten

320 g **melk**
120 g **mascarpone**
110 g **suiker**
50 g **slagroom**
2 **eidooiers** (30 g)

---

635 g ijs
3 personen

217 kcal / 100g

Serveren:
80 g **koffie**
enkele **lange vingers**
1 scheutje
cacaopoeder

Mengen: 10 min
Afkoelen: 1 uur 30 min
Roeren: 30-40 min

Totaal **2 uur 20 min**

Bereiding

1. Scheid de dooier van het wit en doe het in een steelpan.

2. Voeg de slagroom, melk en suiker toe en mix met een staafmixer tot een romig en glad mengsel.

3. Verwarm het mengsel in de steelpan op zeer laag vuur en blijf roeren met een houten lepel.

4. Roer het zeer hete maar niet kokende mengsel gedurende 1-2 minuten.

   ☞ Het mengsel moet ongeveer 83 °C bereiken; bij een hogere temperatuur maakt het ei klontjes.

5. Laat het mengsel eerst 1 uur afkoelen op kamertemperatuur en vervolgens 30' in de koelkast.

6. Zet de zelfkoelende ijsmachine aan om het af te koelen; of zorg ervoor dat het koelelement al koud is.

7. Haal het koude mengsel uit de koelkast en weeg het. Als het minder weegt dan in het

begin (melk + slagroom + suiker + dooiers = 510 g), is er waarschijnlijk wat water verdampt.

Voeg vervolgens koud water toe om het terug te brengen naar 510 g.

8. Voeg de mascarpone toe en mix alles met de staafmixer.

9. Giet het mengsel in de ijsmachine die al draait, gekoeld en met de roerarm bewegend, door de opening op het deksel van de ijsmachine.

10. Na 15-20 minuten begint het mengsel in volume toe te nemen; na 30-40 minuten is het ijs klaar.

11. Zet het ijs 30 minuten in de vriezer om het compacter te serveren.

Serveren

12. Bereid 80 ml koffie (3-4 espresso koffies) en giet dit in een kom. Week de lange vingers in de koffie en schik ze naast elkaar in een kop. Voeg een bolletje tiramisù ijs toe en als laatste een scheutje cacaopoeder.

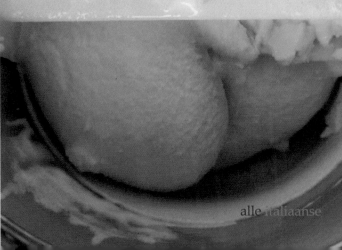

Grazie

dat je onze recepten hebt gekozen

alle italiaanse

door italianen in Nederland

alleitaliaanse.nl

Printed in Poland
by Amazon Fulfillment
Poland Sp. z o.o., Wrocław

36203958R00103